北京休闲发展报告

(2022)

REPORT ON BEIJING'S LEISURE DEVELOPMENT (2022)

邹统钎　吴丽云 / 主编

社会科学文献出版社
SOCIAL SCIENCES ACADEMIC PRESS (CHINA)

《北京休闲发展报告》
编委会

《北京休闲发展报告》
成员构成

领导小组成员：

狄　涛　平谷区委副书记、区长

刘　琳　平谷区副区长

张子昂　平谷区文化和旅游局副局长

顾问：

Joanne Schroeder　世界休闲组织主席

Roger Coles　世界休闲组织原主席

COO Cristina Ortega　世界休闲组织

编写组成员：

邹统钎　北京第二外国语学院校长助理，中国文化和旅游产业研究院院长、教授

吴丽云　北京第二外国语学院中国文化和旅游产业研究院副教授

胡　娜　中国戏曲学院艺术管理与文化交流系副教授

王菲菲　易华录文化大数据研究所研究员

张胜男　首都师范大学资源环境与旅游学院教授

赵　晨　北京观光休闲农业行业协会副秘书长

陈奕捷　北京市农村经济研究中心资源区划处处长

李　颖　北京第二外国语学院中国文化和旅游产业研究院讲师

翟向坤　中国劳动关系学院酒店管理学院教授

郭　凌　　四川农业大学商旅学院教授

王　欣　　北京第二外国语学院旅游科学学院教授，中国文化和旅游产业研究院副院长

王琪延　　中国人民大学统计学院教授

蒋依依　　北京体育大学体育休闲与旅游学院副院长、教授

李　艳　　北京第二外国语学院中国文化和旅游产业研究院副教授

邹兆莎　　门头沟区文化和旅游局机关党委副书记，民宿专班负责人

范子文　　北京市农业农村局一级调研员

阎芷歆　　北京第二外国语学院旅游科学学院硕士研究生

徐嘉阳　　北京第二外国语学院旅游科学学院硕士研究生

林婉钊　　北京第二外国语学院旅游科学学院硕士研究生

周　琳　　北京第二外国语学院旅游科学学院 MTA 研究生

李　娟　　北京第二外国语学院旅游科学学院 MTA 研究生

杜烨琳　　北京第二外国语学院旅游科学学院 MTA 研究生

孙静敏　　四川农业大学商旅学院硕士研究生

周　琳　　北京第二外国语学院旅游科学学院硕士研究生

胡　娟　　北京第二外国语学院旅游科学学院硕士研究生

邹明乐　　北京第二外国语学院旅游科学学院硕士研究生

杨仕雄　　中国人民大学统计学院博士研究生

郭佳明　　北京体育大学体育休闲与旅游学院硕士研究生

黄佩莹　　北京体育大学体育休闲与旅游学院本科生

仇　瑞　　北京第二外国语学院旅游科学学院硕士研究生

张梦雅　　北京第二外国语学院旅游科学学院硕士研究生

李　茜　　北京第二外国语学院旅游科学学院硕士研究生

董丹阳　　北京第二外国语学院旅游科学学院硕士研究生

目　录

Ⅲ 专题篇

Ⅳ　案例篇

Ⅰ 总报告

1 北京休闲产业发展报告

吴丽云　阎芷歆　徐嘉阳　林婉钊[*]

摘　要　本报告研究了北京休闲产业发展的背景，认为北京休闲产业步入了稳步发展的新时期。分析了北京市休闲产业发展的基础，认为北京的休闲消费需求旺盛，高品质休闲更受北京居民青睐；北京的休闲产品供给覆盖了文化、旅游、体育、康养、娱乐、乡村等多个领域，为居民休闲提供了丰富的休闲产品。但与此同时，北京休闲产业发展中还存在结构和区域分布不均衡、产品同质化、政策和人才供应不充分等问题，亟须改善。从长远看，微度假、内容休闲、冰雪休闲、夜间休闲等将成为北京休闲发展的重要趋势。

关键词　休闲产业　休闲供给　休闲消费　北京

---

* 吴丽云，北京第二外国语学院中国文化和旅游产业研究院副教授，研究方向为旅游休闲、国家文化公园、夜间经济等；阎芷歆，北京第二外国语学院旅游科学学院硕士研究生，研究方向为旅游休闲、夜间经济等；徐嘉阳，北京第二外国语学院旅游科学学院硕士研究生，研究方向为旅游休闲、冰雪旅游等；林婉钊，北京第二外国语学院旅游科学学院硕士研究生，研究方向为旅游经济等。

一 休闲产业步入稳步发展新时期

（一）经济稳定恢复，休闲产业发展基础稳固

1. 经济发展稳步复苏

北京市经济持续稳定恢复，为休闲产业发展提供了经济支撑。城市休闲发展是建立在一定的经济基础之上的发展体系。[①] 受疫情影响，2020 年北京市 GDP 为 3.6 万亿元，实际增长率仅为 1.2%。2021 年，在科学做好疫情防控的基础上，北京市 GDP 实现了稳步增长，达 4 万亿元，比上年增长 8.5%。北京市经济平稳恢复，运行态势较好。继 2007 年、2013 年、2018 年北京市地区生产总值分别突破 1 万亿元、2 万亿元、3 万亿元大关后，2021 年地区生产总值突破 4 万亿元，每突破 1 万亿元的年限不断缩短，地区经济发展进程加快，为休闲产业的稳定发展提供了坚实的物质基础（见图 1 - 1）。从人均 GDP 来看，2021年，北京市人均 GDP 为 18.4 万元，扣除物价因素，比 2020 年的 16.4

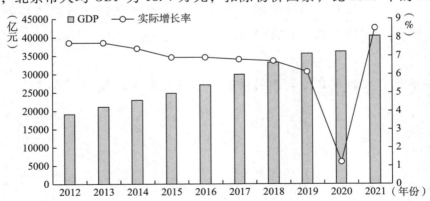

图 1 - 1 2012～2021 年北京市 GDP 及实际增长率

资料来源：《北京统计年鉴 2021》。

---

① 华钢、楼嘉军：《城市休闲系统研究》，《旅游论坛》2009 年第 3 期。

万元实际增长了 8.5%，依然保持了稳定且高速增长（见图 1-2）。

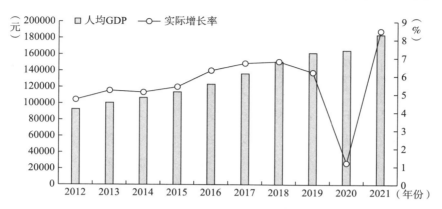

图 1-2 2012～2021 年北京市人均 GDP 及实际增长率

资料来源：《北京统计年鉴 2021》。

2021 年，北京市人均可支配收入恢复正常增长，达 75002 元，较上年增长 8%，是 2012 年的 2 倍（见图 1-3）。北京市人均可支配收入稳定增加，人民生活水平进一步提高，休闲在人们生活中的重要性愈加凸显。

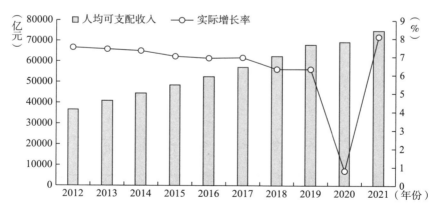

图 1-3 2012～2021 年北京市人均可支配收入及实际增长率

资料来源：《北京统计年鉴 2021》。

2. 产业结构不断优化

从产业结构看，北京市第一、第二产业占比缓慢下降，第三产业比重稳步上升，北京市三次产业结构不断优化。从 2012 年到 2021 年，北京市第一产业比重由 0.8% 下降到 0.3%，第二产业比重由 21.6% 下降到 18%，第三产业比重由 77.6% 上升到 81.7%。第三产业对北京市经济发展的贡献率一直保持了较高水平，近年来一直维持在 80% 左右（见图 1-4）。2020 年受疫情影响，第三产业的贡献率下降到 72.6%（见图 1-5）。与此同时，北京市第三产业增加值从 2012 年的 15020.3 亿元增长到 2021 年的 32889.6 亿元，共增加 17869.3 亿元，增长 119%。第三产业增加值的年增长率从 2012 的 8% 到 2020 年的 1% 再到 2021 的 5.7%，虽受疫情影响有所波动，但随着疫情防控制度的逐步完善，第三产业增加值的增长率逐步恢复到较高水平（见图 1-6）。北京市第三产业的稳定增长及发展，为北京市民的休闲提供了最为稳定的供给基础，保障了市民常态化休闲的可能和可行。

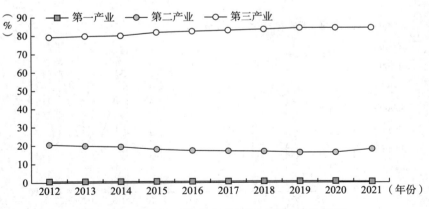

图 1-4　2012～2021 年北京市三次产业结构

资料来源：《北京统计年鉴 2021》。

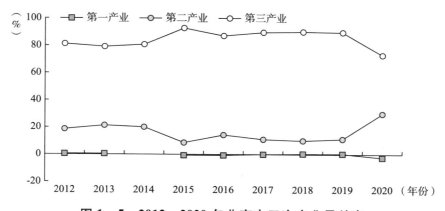

图 1-5　2012～2020 年北京市三次产业贡献率

资料来源：《北京统计年鉴 2021》。

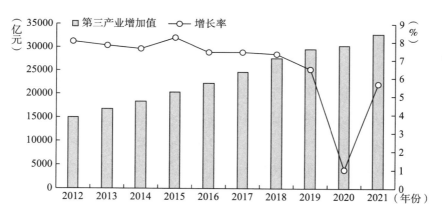

图 1-6　2012～2021 年北京市第三产业增加值及增长率

资料来源：《北京统计年鉴 2021》。

（二）居民收入持续增长，休闲消费意识不断增强

北京市居民人均可支配收入持续增长，从 2015 年的 48458 元增长到 2021 年的 75002 元，除 2020 年受疫情影响，增速有所放缓外，其他年份均保持了 8%～9% 的增速（见图 1-7）。稳定且可持续增长的居民可支配收入，为北京居民的休闲提供了坚实的物质基础，并成

为居民休闲消费的内在驱动力。

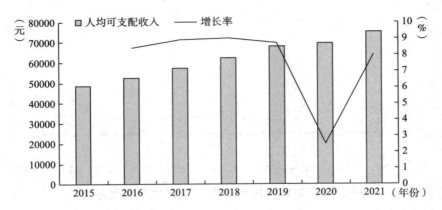

图 1－7　2015～2021 年北京市居民人均可支配收入及增长率

资料来源：《北京统计年鉴 2021》。

从消费结构看，2012～2020 年，北京市城镇和农村居民家庭恩格尔系数均低于全国城镇和农村居民，北京市城镇和农村居民用于食品相关的生存性消费比重低于全国平均水平，用于文化、旅游、康养等休闲方面的发展性消费占比相对较高。其中，北京城镇居民家庭恩格尔系数从 2012 年的 24.6% 下降到 2019 年的 19.3%，农村居民家庭恩格尔系数从 2012 年的 26.9% 下降到 2019 年的 25.3%，总体呈下降趋势。2020 年，受疫情影响，城镇居民家庭恩格尔系数上升为 21%，农村居民家庭恩格尔系数上升为 28.5%，食品等生活必需品消费占比有所提升，因疫情防控要求，居民用于休闲、发展等方面的消费占比略有下降（见图 1－8、图 1－9）。

疫情前，从 2015 年到 2019 年，北京市居民人均教育文化娱乐支出连续 4 年呈上升趋势，由 3635 元上升到 4311 元。2020 年，受疫情影响，北京居民人均教育文化娱乐支出跌至 2766 元，达到近十年最低水平。2021 年，随着疫情的有效控制，北京居民人均教育文化娱乐支出上升至 3348 元，基本恢复到以往水平。北京市居民教育文化娱乐支出尚未完全恢复到疫情前水平，人们对于文化、旅游、体育等

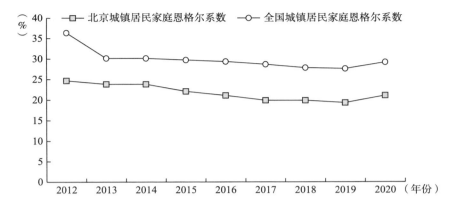

图 1－8　2012～2020 年北京及全国城镇居民家庭恩格尔系数

资料来源：《北京统计年鉴 2015》《北京统计年鉴 2021》《中国统计年鉴 2021》。

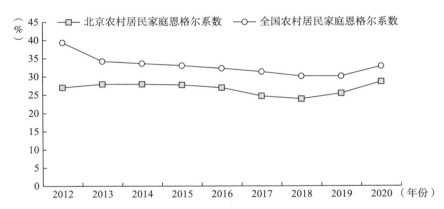

图 1－9　2012～2020 年北京及全国农村居民家庭恩格尔系数

资料来源：《北京统计年鉴 2015》《北京统计年鉴 2021》《中国统计年鉴 2021》。

方面的需求受客观条件限制未得到较好的满足。城市和农村居民的人均教育文化娱乐支出变化与全市平均水平变化基本一致，居民的休闲需求受到压缩（见图 1－10）。

人均医疗保健支出方面，2015～2021 年全市整体呈增长趋势，疫情使北京居民对医疗保健更加关注。2020 年，受疫情影响，居民居家时间相对较多，医疗保健支出较上年有所下降，为 3513 元；2021

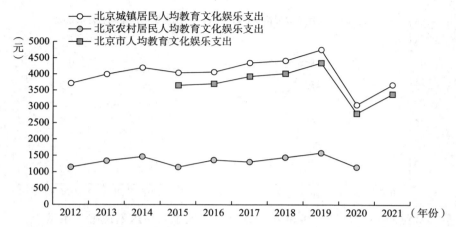

图 1-10　北京城镇居民、农村居民及全市人均教育文化娱乐支出

资料来源：《北京统计年鉴 2021》。

年，随着北京市疫情防控更加精准，社会经济已基本恢复，疫情带来的居民医疗保健意识不断增强。2021 年全市人均医疗保健支出 4285元，较上年增长了 22%。疫情的发生改变了人们的生活理念，进一步激发了人们在康养休闲、森林休闲等方面的休闲支出；同时，居民也更注重个人及家庭安全、健康的休闲需求，客观上促进了北京市休闲产业的发展（见图 1-11）。

图 1-11　北京城镇居民、农村居民及全市人均医疗保健支出

资料来源：《北京统计年鉴 2021》。

（三）发展政策频出，公共休闲空间持续增加

1. 政策频繁出台，支持力度不断加大

北京市休闲产业的稳定发展，既是经济发展和人们消费需求共同推动的结果，也是政策推动下的产物。近年来，国家及北京市出台了一系列促进休闲产业发展的相关政策，内容涉及基础设施、资金保障、产品供给及产业融合、业态发展等多个方面，切实推动了休闲产业的高质量发展。

国家层面，2013 年，国务院发布《国民旅游休闲纲要（2013 ~ 2020 年）》，首次将旅游休闲纳入国家战略，并从国民旅游休闲时间、环境、基础设施建设、产品开发等多个方面对旅游休闲发展进行了规划；2016 年，国务院办公厅发布《关于加快发展健身休闲产业的指导意见》，提出推动休闲产业与旅游、健康、文化等多产业融合发展；2019 年，国家体育总局发布《运动休闲特色小镇试点项目建设工作指南》，提出要打造形成以运动休闲特色小镇为核心的产业集聚区；2021 年，文化和旅游部发布《"十四五"文化和旅游发展规划》，对休闲和带薪休假制度、休闲城市、休闲街区等的发展均有明确的规划内容。

在国家政策的指引之下，北京市也出台了一系列与休闲有关的发展政策，围绕文化、乡村、时尚、体育、康养、公共空间休闲等多个维度积极推进北京市休闲产业发展。2020 年，《北京市推进全国文化中心建设中长期规划（2019 年 ~ 2035 年）》发布，从文化休闲、智慧休闲、时尚休闲、休闲农业、休闲度假等多个领域对北京市的休闲产业发展做出规划，为休闲产业发展提供了全新的政策支持。2021 年以来，北京市相关文件对休闲产业高频提及，休闲成为北京市释放内需的重要动力。2021 年 7 月，《北京市"十四五"时期乡村振兴战略实施规划》发布，提出鼓励发展乡村健身休闲产业；8 月，《北京

培育建设国际消费中心城市实施方案（2021～2025年）》发布，提出建设国际特色街区、特色商圈、国际旅游休闲度假区等内容；11月，《北京市"十四五"时期文物博物馆事业发展规划》发布，提出大力发展以文物资源为支撑的多主题旅游活动，完善文化休闲设施；12月，《"十四五"时期健康北京建设规划》发布，进一步明确了要打造立足区域、服务全国、辐射全球的体育、休闲、旅游产业集聚区。上述政策的频繁出台，进一步夯实了北京市在文化、农业、体育、康养、旅游等多个领域发展休闲产业的基础，为休闲产业的高质量发展提供了积极的政策支持。近年来国家相关部门和北京市发布的有关休闲产业发展的相关文件如表1-1所示。

表1-1　近年来国家相关部门和北京市发布的有关休闲产业发展的相关文件

发布时间	发布单位	文件名称	相关内容
2013年2月	国务院办公厅	《国民旅游休闲纲要（2013～2020年）》	采取保障国民旅游休闲时间、改善国民旅游休闲环境、推进国民旅游休闲基础设施建设、加强国民旅游休闲产品开发与活动组织、完善国民旅游休闲公共服务等措施促进旅游休闲的发展等
2015年3月	国家发展改革委办公厅	《战略性新兴产业专项债券发行指引》	加大债券融资方式对健康与养老服务、生态环保、清洁能源、交通等重大投资工程包，以及信息消费、绿色消费、住房消费、旅游休闲消费、教育文体消费和养老健康消费等六大领域消费工程的支持力度，拉动重点领域投资和消费需求增长
2015年6月	北京市人民政府办公厅	《北京市贯彻落实〈国民旅游休闲纲要（2013～2020年）〉实施意见》	加快旅游休闲业与相关产业的融合发展。开发都市休闲旅游、文化旅游、体育健身旅游、科教旅游、工业旅游、红色旅游、中医养生旅游、博物馆旅游等方面的产品，打造精品线路。促进旅游休闲与新型城镇化建设、美丽乡村建设和现代农业建设协调发展，打造一批生态休闲度假区、乡村旅游新业态聚集区、综合性农业休闲园区

发布时间	发布单位	文件名称	相关内容
2016 年 10 月	国务院 办公厅	《国务院办公厅关于加快发展健身休闲产业的指导意见》	遵循产业发展规律，立足全局，促进产业各门类全面发展，统筹协调健身休闲产业与全民健身事业，推进健身休闲与旅游、健康等产业融合互动。促进健身休闲与文化、养老、教育、健康、农业、林业、水利、通用航空、交通运输等产业融合发展
2017 年 8 月	北京市农村工作委员会	《关于加快休闲农业和乡村旅游发展的意见》	支持第一产业与第二、第三产业融合发展，培育生产标准化、经营集约化、服务规范化、功能多样化的休闲产业链
2018 年 7 月	北京市人民政府办公厅	《关于支持实体书店发展的实施意见》	推动实体书店从单一出版物销售功能向兼具公共文化服务功能转变。支持国有大型书城在搞好主业的基础上发展新兴业态，建设综合性文化体验消费中心；支持具有品牌影响力的书店扩大覆盖范围，突出文化创意和品牌效应，营造优质阅读空间
2019 年 1 月	中共中央、国务院	《中共中央 国务院关于坚持农业农村优先发展做好"三农"工作的若干意见》	鼓励社会力量积极参与，将农村人居环境整治与发展乡村休闲旅游等有机结合；发展乡村新型服务业，充分发挥乡村资源、生态和文化优势，发展适应城乡居民需要的休闲旅游、餐饮民宿、文化体验、健康养生、养老服务等产业
2019 年 1 月	北京市人民政府	《2019 年政府工作报告》	建成城市休闲公园 28 处、小微绿地 121 处，全市公园绿地 500 米服务半径覆盖率提高到 80%；要新建一批城市休闲公园、口袋公园、小微绿地，拆后还绿 1600 公顷
2019 年 3 月	国家体育总局	《运动休闲特色小镇试点项目建设工作指南》	将体育元素全方位融入运动休闲特色小镇的建设与运营。要根据核心运动项目和资源特色，多点位孵化产业项目，打造形成以运动休闲特色小镇为核心的产业聚集区
2019 年 3 月	国家林业和草原局等四部门	《关于促进森林康养产业发展的意见》	优化森林康养环境，完善森林康养基础设施，丰富森林康养产品，建设森林康养基地，繁荣森林康养文化和提高森林康养服务水平

续表

发布时间	发布单位	文件名称	相关内容
2019年6月	中共北京市委、北京市人民政府	《关于落实农业农村优先发展扎实推进乡村振兴战略实施的工作方案》	结合创建国家全域旅游示范区，进一步完善土地、资金支持政策，持续推进生态沟域、田园综合体等建设与发展，打造一批休闲农业和乡村旅游精品线路
2019年7月	国家体育总局等十四部门	《武术产业发展规划（2019~2025年）》	拓展武术服务，大力发展武术服务业，构建以健身休闲、竞赛表演、培训研修、武术康养、体育旅游、武术影视等为主要内容的产业体系
2019年8月	国务院办公厅	《国务院办公厅关于进一步激发文化和旅游消费潜力的意见》	丰富产品供给，鼓励打造中小型、主题性、特色类的文化旅游演艺产品。促进演艺、娱乐、动漫、创意设计、网络文化、工艺美术等行业创新发展，引导文化和旅游场所增加参与式、体验式消费项目；积极发展休闲农业，大力发展乡村旅游，实施休闲农业和乡村旅游精品工程，培育一批美丽休闲乡村，推出一批休闲农业示范县和乡村旅游重点村。打造一批具有文旅特色的高品位休闲街区和度假产品
2019年10月	国家发展改革委、市场监管总局	《关于新时代服务业高质量发展的指导意见》	建设服务标准，完善商贸旅游、社区服务、物业服务、健康服务、养老服务、休闲娱乐、教育培训、体育健身、家政服务、保安服务等传统服务领域标准
2019年11月	国家发展改革委	《关于改善节假日旅游出行环境 促进旅游消费的实施意见》	丰富节假日旅游产品供给，依托革命历史文化和历史文物遗迹，着力开发文化体验游、研学旅行游、乡村民宿游、休闲度假游、红色教育游等
2020年2月	北京市人民政府办公厅	《北京市2020年办好重要民生实事项目分工方案》	通过腾退还绿、规划建绿、见缝插绿等方式，新建10处城市休闲公园，扩大城市绿色生态空间，为市民提供更多户外休闲场所

发布时间	发布单位	文件名称	相关内容
2020 年 4 月	北京市人民政府	《北京市推进全国文化中心建设中长期规划（2019 年～2035 年）》	提出要促进文化产业和旅游休闲产业协同发展，建设生态休闲游憩区，打造文化生态休闲游览线路，培育时尚休闲新业态，推动影视特色文化休闲区、智慧休闲区、休闲度假区、"夜京城"文化休闲活动品牌等建设。新建一批集艺术表演、互动体验、时尚消费于一体的文化休闲空间。实施休闲农业和乡村旅游精品工程，支持发展都市休闲农业，大力推进旅游交通休闲设施建设。加快推进京东休闲旅游区、京北冬奥冰雪旅游区、京西南山水休闲旅游区、京冀长城文化旅游区等建设
2020 年 5 月	北京市农业农村局、北京市财政局	《北京市休闲农业"十百千万"畅游行动实施意见》	推进休闲农业"十百千万"畅游行动，打造十余条休闲农业精品线路、创建百余个美丽休闲乡村、提升千余个休闲农业园、改造近万家民俗接待户，推动全市休闲农业走一二三产业融合的高质量发展之路，致力于精心设计吸引人、精细服务留住人、精致感受打动人，打造温暖而近距离的休闲农业精品项目，给市民提供"简奢""静奢""野奢"的美好感受
2021 年 2 月	北京市人民政府办公厅	《北京市 2021 年办好重要民生实事项目分工方案》	新增造林绿化面积 15 万亩，开放豆各庄城市公园东园等 10 处城市休闲公园，进一步扩大绿色生态空间，为群众提供更多户外休闲场所
2021 年 4 月	文化和旅游部	《"十四五"文化和旅游发展规划》	推动完善国民休闲和带薪休假等制度；以景区、度假区、旅游休闲城市等为依托，打造区域性国际旅游目的地，建设生态、海洋、冰雪、城市文化休闲等特色旅游目的地；支持建设集文化创意、旅游休闲等于一体的文化和旅游综合体。鼓励在城市更新中发展文化旅游休闲街区，盘活文化遗产资源
2021 年 4 月	北京市园林绿化局	《北京市平原生态林养护经营管理办法（试行）》	在不采伐林木、不造成污染、不影响树木健康生长和森林生态功能正常发挥的前提下，可以合理利用林地资源，科学、规范、有序、适度开展林下种植、森林旅游、森林康养、休闲游憩、科普教育、林产品采集等非木质资源林下经济活动

续表

发布时间	发布单位	文件名称	相关内容
2021 年 7 月	北京市人民政府	《北京市"十四五"时期乡村振兴战略实施规划》	推出一批乡村精品民宿，打造一批乡村民宿特色乡镇，实现全市乡村民宿从规模到质量的全面提升。鼓励发展乡村健身休闲产业。到2025年，休闲农业和乡村旅游年接待达到4000万人次，经营收入达到50亿元
2021 年 8 月	中共北京市委办公厅、北京市人民政府办公厅	《北京培育建设国际消费中心城市实施方案（2021 ~ 2025 年）》	建设一批国际特色街区。推动蓝色港湾国际商区建设与打造亮马河国际风情水岸深度联动，重点发展都市休闲、餐饮购物等业态，打造一站式家庭购物目的地和高品质休闲聚会首选地。以世界休闲大会资源可持续利用为重点，将金海湖小镇打造成为会议会展小镇、购物消费小镇和旅游小镇。依托龙域、龙泽、龙德三大特色商圈，引入新消费业态，加大新场景应用，补齐实体书店、小剧场、小影院、小微绿地、口袋公园等文化休闲设施，提升消费品质，将回天地区打造成为"商圈+生活圈+夜经济"消费重地。依托乐高主题乐园、国家大熊猫科研繁育基地等重点项目，将周边区域打造成为国际旅游休闲度假区
2021 年 9 月	北京市农业农村局	《北京市养殖水域滩涂规划（2021 年 ~ 2030 年）》	积极发展休闲渔业，深度挖掘北京渔业文化遗产，丰富城市居民精神生活，发挥渔业文化服务功能；丰富和发掘休闲渔业功能及多业态融合，推进休闲渔业从数量型向质量型发展，推进渔业与文化、旅游等深度融合
2021 年 10 月	国家发展改革委	《关于推动生活性服务业补短板上水平提高人民生活品质的若干意见》	支持各地推出一批有代表性的服务场景和示范项目，加强城市特色商业街区、旅游休闲街区和商圈建设，集成文化娱乐、旅游休闲、体育健身、餐饮住宿、生活便利服务，打造综合服务载体
2021 年 11 月	北京市文物局	《北京市"十四五"时期文物博物馆事业发展规划》	大力发展以文物资源为支撑的研学、文化体验、度假休闲、红色文化等主题旅游，规范石窟寺、世界文化遗产旅游开发活动，推介一批经典文化探访线路

发布时间	发布单位	文件名称	相关内容
2021 年 12 月	北京市人民政府	《"十四五"时期健康北京建设规划》	重点开发京津冀地区房车露营、山地越野、徒步登山、公路骑行、攀岩等体育旅游项目，推进京津冀三地体育赛事表演市场、体育营地，特别是体育人才培养无障碍衔接，举办京津冀冰雪、"三大球"、乒乓球、羽毛球等赛事活动，打造立足区域、服务全国、辐射全球的体育、休闲、旅游产业集聚区

2. 加大公共休闲投入，持续创新公共休闲空间

在政策的积极推动之下，北京市也通过加大公共投入、开拓休闲新空间等方式不断增加城市休闲供给，促进休闲产业发展。从北京市公共预算支出看，2012～2019 年，北京市公共预算中文化旅游体育和传媒支出逐年增加，由 141 亿元增长到 279 亿元。2020 年，受疫情影响，这一支出下降到 225 亿元（见图 1－12）。公共服务是城市休闲要素的基础要件，也是实现社会功能的核心要件。[①] 北京市在加大相关公共支出的同时，也对开拓居民休闲场所进行新的尝试。2021 年，北京市将天宁寺城市立交桥下的"灰色空间"作为试点进行空间改造，将其打造为城市文化休闲节点并进行推广，为人们增加了更多公共休闲空间。此外，北京市还将核心区部分公交站功能进行外迁，引入咖啡厅、休闲广场、篮球场等休闲设施，将其升级为复合型公交站。郭公庄、康家沟、王佐、施园 4 个配建复合功能的公交场站已基本完工，个别已投入使用。这些举措，在弥补北京市部分区域休闲空间不足的同时，也开拓了新的城市休闲空间形态，扩宽了居民休闲活动范围，拓宽了城市公共休闲空间。

---

① 吕宁、黄晓波：《城市休闲的功能性研究——以北京建设世界旅游目的地为例》，《城市发展研究》2014 年第 3 期。

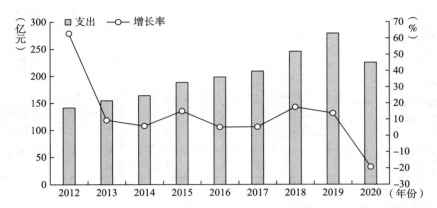

图1-12　2012~2020年北京市文化旅游体育和传媒支出及增长率

资料来源：《北京统计年鉴2021》。

3. 国际消费中心城市建设，助推休闲产业竞争力提升

2021年7月19日，经国务院批准，北京市被列入首批国际消费中心城市培育建设名单，意味着北京市休闲产业发展步入了新的阶段。2021年8月27日，《北京培育建设国际消费中心城市实施方案（2021~2025年）》公布，提出打造一批具有文化时尚魅力的消费地标、国家级夜间文化和旅游消费集聚区、旅游休闲街区、特色商圈、旅游休闲度假区等，将文化、旅游、饮食、康养、娱乐、商业、体育等元素在特定区域内与各类休闲业态融合，形成多元业态并存的局面，全面整合全市各区域、各类休闲资源，推动休闲产业整体发展。伴随着国际消费中心城市的建设，各类休闲业态、休闲企业的发展壮大，北京市休闲产业的整体竞争力也将持续提升。

二　持续升级的休闲消费需求旺盛

（一）消费升级，高质量休闲产品更受青睐

除2020年受疫情严重影响外，近十年北京市人均消费支出波动

增长，从 2012 年的 26562 元增长到 2021 年的 43640 元，十年间人均消费支出增加了 17078 元，增长 64%。2020 年，受疫情影响北京市人均消费支出名义增速下降至 −9.6%，2021 年在疫情得到有效控制的情况下，人均消费支出迅速回升，较上年增长了 12.2%，为十年间最高增速（见图 1 − 13）。相较于全国平均水平，2021 年北京市人均消费支出是全国的 1.81 倍，北京居民的相对高收入和高消费支出决定了其休闲需求相较于其他地区更加旺盛，对休闲、度假产品的需求更加迫切，对品质的要求也远高于其他地区。

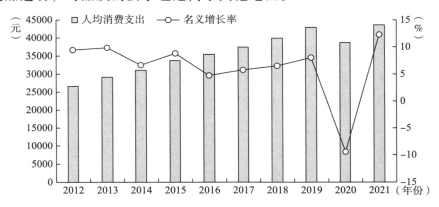

图 1 − 13　2012～2021 年北京市人均消费支出及名义增长率

资料来源：《北京统计年鉴 2015》《北京统计年鉴 2021》。

伴随居民收入和消费支出的持续增长，北京居民的消费观念和消费方式也在不断发生变化，更加追求品质化的休闲生活。《2021 年北京居民网购消费升级专项调研报告》显示，86.2% 的居民更关注质量，73.6% 的居民更关注价格；此外，功能、品牌、售后服务和用户评价也是居民的关注点。[1] 居民对高品质休闲、度假产品的需求持续增长，且更加看重品质和体验。《2021 年北京旅游消费体验调查报告》显示，消费者更偏爱休闲放松类项目，对周边自然风光、特色美

---

① 北京市统计局：《2021 年北京居民网购消费升级专项调研报告》，北京市人民政府网，http://www.beijing.gov.cn/gongkai/shuju/sjjd/202106/t20210623_2419780.html。

食、乡村旅游、商旅文体融合类体验消费需求比例相对较高，① 居民更加关注发展型和享受型休闲产品。

（二）时间延长，夜间休闲逐渐常态化

随着经济的快速发展，日间消费已经不能满足居民的消费需要，夜间已成为居民释放消费潜力、满足休闲需求的重要时段。课题组在2021年6～7月对301位北京居民夜间消费情况的线上调研结果显示，北京居民的夜间消费需求旺盛，约83%的受访者有夜间消费的经历。从夜间消费频次看，每周有4～7次高频夜间消费的受访者占10.63%，夜间消费已成为其日常生活的常态。41.86%的受访者每周有夜间消费1～3次，半数多的北京居民夜经济消费需求旺盛，夜间消费习惯已经形成。22.59%的受访者每月夜间消费1～3次，另有8.31%的受访者每年会有1～11次夜间消费活动，几乎不进行夜间消费的受访者占16.61%（见图1－14）。综合来看，北京居民夜间消费习惯已经初步养成，夜间消费已成为多数人的常态化消费行为。

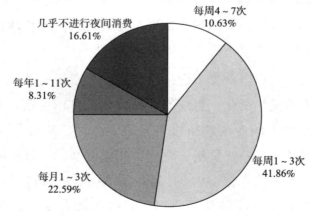

图1－14　北京居民夜间消费频率

---

① 《北京市消协发布2021年北京旅游消费体验调查报告》，北京市消费者协会网，http://www.bj315.org/xfdc/202107/t20210726_29345.shtml。

　　北京居民的夜间消费时长主要集中在 1～3 小时。74.90% 的受访者夜间消费时长为 1～3 小时，14.74% 的受访者夜间消费时长为 3～6 小时，9.56% 的受访者消费时长在 1 小时以内，也有 0.80% 的受访者夜间消费时长超过了 6 小时（见图 1－15）。总体来看，在日间工作和必要的生活时间之外，北京居民用于夜间消费的时间较长，夜间休闲已成为北京居民重要的休闲时段和休闲方式。

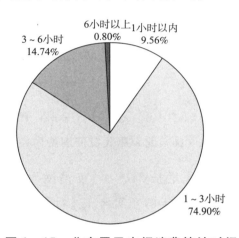

图 1－15　北京居民夜间消费持续时间

　　在夜间消费偏好方面，美食餐饮、逛街购物、观看演出、夜赏京城是较受欢迎的夜间休闲消费项目，且餐饮、购物和观看演出在受试者夜间消费中位列前三，并远超其他项目（见图 1－16），夜间消费占每月生活支出比重为 5%～30% 的受试者约占 75%，可见夜间休闲已成为北京居民的常态化休闲方式。

（三）注重康养，京郊成为重要休闲地

　　受新冠肺炎疫情防控政策影响，北京居民的旅游休闲需求持续回流，出行距离显著收缩，出行时长随之减短，"周末游""周边游""本地游"正在替代"跨省游""出境游"成为居民们更加优先的休闲选择。2021 年，市民在京游人次达 12607.2 万，同比增长 45.9%，

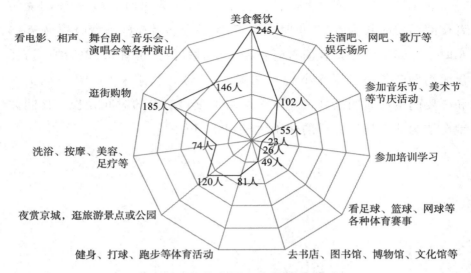

图1-16 北京居民夜间消费内容

收入达480.7亿元，同比增长31%。① 疫情激发了人们的康养需求，康养成为北京居民休闲生活的重要组成。百度指数显示，2021年，"北京温泉"的日平均搜索量为175，"北京足疗"为71，20~39岁的年龄群体对温泉、足疗这类康养休闲方式需求较为旺盛，且男性的需求明显大于女性（见图1-17、图1-18）。

郊区是北京居民休闲的重要区域。对于高负荷工作的城市居民来说，郊区休闲是缓解压力、回归自然的有效途径，尤其在疫情背景下，北京居民的京郊休闲需求不断扩张。百度指数显示，"京郊游"2021年的日平均搜索量为64，京郊旅游人群主要为30~39岁人群，男女比例基本均衡，带娃出游是主要目的。2021年国庆长假期间，京郊休闲农业和乡村旅游热度大幅上升。假期七天，北京市乡村游累计接待游客381.4万人次，同比增长40.8%，乡村民宿接待总人数为

---

① 《2021年北京市旅游市场总体情况》，北京市文化和旅游局网，http://whlyj.beijing.gov.cn/zwgk/zxgs/tjxx/lyzt/202208/t20220812_2791629.html。

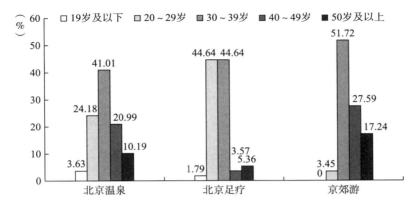

图 1 - 17　北京温泉、北京足疗、京郊游搜索人群年龄分布

资料来源：百度指数。

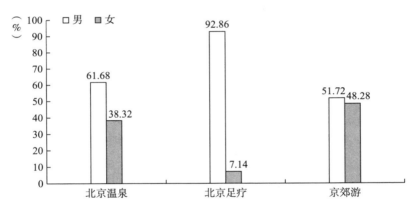

图 1 - 18　北京温泉、北京足疗、京郊游搜索人群性别分布

资料来源：百度指数。

20.21 万人次，同比增长 94.23%，京郊游山水、住民宿、体验农事活动、户外拓展等项目是北京市居民重要的休闲方式。①

（四）IP 注入，文化休闲需求旺盛

随着全国文化中心建设的开展，北京市文化产业快速增长。2021

---

① 《国庆长假 381.4 万人次打卡京郊，这三个区最热门》，百度网，https://baijiahao.baidu.com/s? id = 1712967190866491195&wfr = spider&for = pc。

年，北京市规模以上文化产业总收入达 1.75 万亿元，同比增长 17.5%，从业人员平均人数为 64 万人，同比增长 4.8%,① 居民文化自信不断增强，文化需求持续增长。伴随国潮文化的兴起，具有传统民俗和地域特色的文化 IP 受到广泛关注，在居民的文化休闲活动过程中，更倾向于选择拥有特色 IP、服务质量高、环境好的文化休闲场所。百度指数显示，"北京博物馆"2021 年的日平均搜索量为 532，"北京书店"为 134，可见北京居民的文化休闲需求十分强烈。对于博物馆、书店这两类文化休闲场所，30～39 岁的有娃一族是博物馆的主要消费人群，20～39 岁的中青年则是北京书店的常客（见图 1-19）；在这两类文化休闲活动中，女性比男性更喜欢逛博物馆和书店（见图 1-20）。《2021 年北京市文化消费报告》显示，北京消费者的文化消费习惯与消费方式发生了明显变迁，文化消费场景加速向线上迁移，演出、电影等线下消费有不同程度的下降，在线文化需求持续扩大。②

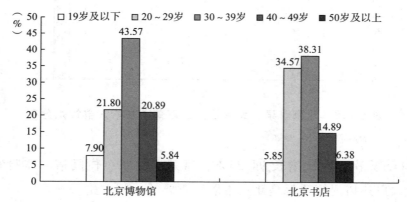

图 1-19　北京博物馆、北京书店搜索人群年龄分布

资料来源：百度指数。

---

① 《规模以上文化产业情况》，北京市统计局、国家统计局北京调查总队官网，http://tjj. beijing. gov. cn/tjsj_31433/yjdsj_31440/wh/2021/202202/t20220207_2605342. html。

② 《〈2021 年北京市文化消费报告〉在京发布，速看最全精华版!》，网易网，https://www. 163. com/dy/article/GSS4H7E60514H4CF. html。

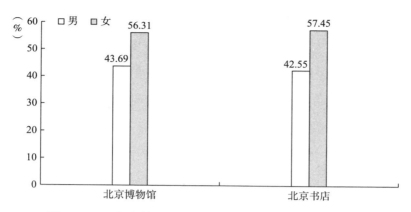

图 1-20　北京博物馆、北京书店搜索人群性别分布

资料来源：百度指数。

（五）个性凸显，娱乐休闲需求多样化

收入水平的提高和闲暇时间的增加，使北京居民的精神需求不断提升，对休闲娱乐的需求也随之增长。北京是年轻人的聚集地，吸引着大量具有高级审美、广泛爱好、前卫思想的各类人才，同时也是娱乐业较为发达的城市。"80 后""90 后"是当前北京娱乐休闲消费的主力，其消费具有个性化、高品质、高性价比、高参与和高情感体验等特征，消费范围广泛，追求新奇。近年来，清吧、夜店、Live House、KTV 等娱乐方式，作为具有前卫和亚文化双重符号色彩的产物，正在以一种社交、娱乐欣赏、跨文化体验的新生娱乐形式渐渐融入城市生活，[①] 密室逃脱、剧本杀、VR、主题公园等沉浸式娱乐项目也深受年轻人喜爱。百度指数显示，2021 年，"北京酒吧"的日平均搜索量为 172，"北京游乐场"为 167，这两类娱乐休闲活动的消费人群主要为 20～39 岁的中青年人，女性更偏爱游乐场类休闲场所，男

[①]　《取消限制！酒吧夜店等娱乐演出场所或将迎来新一轮爆发！》，数字音视工程网，http://www.dav01.com/article/2021/03/a6243069.html。

性则更偏爱酒吧类休闲场所（见图1-21、图1-22）。多样化的需求推动北京娱乐休闲产业市场持续细分，创新型产品不断出现。

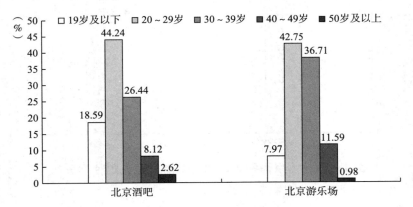

图1-21　北京酒吧、北京游乐场搜索人群年龄分布
资料来源：百度指数。

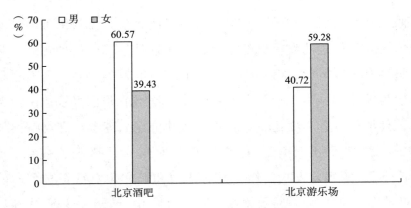

图1-22　北京酒吧、北京游乐场搜索人群性别分布
资料来源：百度指数。

（六）冬奥助力，体育休闲需求激增

随着居民生活水平的提高和国民素质的提升，运动、健身、亲子体育等体育休闲活动逐渐大众化。《2021年北京市民健康意识及行为调查报告》显示，79.6%的受访居民表示最近一年参加过健身锻炼，

其中经常参加健身锻炼的占 43.5% ；各年龄段中，60 岁及以上居民经常健身锻炼的比例最高，为 58.4% ,[①] 体育休闲已融入北京居民的日常生活之中。2022 年北京冬奥会的举办，进一步激发了北京居民对冰雪运动的热情，滑雪、滑冰成为休闲新时尚，热门冰雪场地预订火爆。截至 2021 年底，已有 3100 多万群众参与到北京市民快乐冰雪季系列活动中，北京市中小学生上冰上雪人数已达近 210 万人次。[②] 2021 年北京以冰雪运动培训为主题的冬令营全民参与度高，年龄段也逐渐覆盖了低龄儿童。[③] 百度指数显示，2021 年"北京健身房"的日平均搜索量为 84，而"北京滑雪场"高达 212，冬奥大大带动了北京的冰雪热。北京健身房的搜索人群年龄主要在 20 ~ 29 岁，且男性明显多于女性，而北京滑雪场的搜索人群覆盖年龄较广，男女分布较为均衡，大众对冰雪运动的休闲需求非常旺盛（见图 1 - 23、图 1 - 24）。

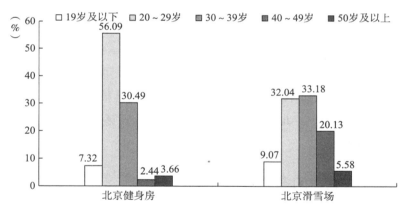

图 1 - 23　北京健身房、北京滑雪场搜索人群年龄分布

资料来源：百度指数。

① 《逾 8 成家庭买单健康消费 健康生活推进获居民认同——2021 年北京市民健康意识及行为调查报告》，北京市人民政府网，http://www.beijing.gov.cn/gongkai/shuju/sjjd/202110/t20211009_2508709.html。

② 《北京巩固扩大"带动三亿人参与冰雪运动"发展成果》，《中国体育报》2022 年 1 月 12 日。

③ 《寒假滑雪冬令营成热门 亲子家庭拉动冰雪消费升级》，《北京商报》2022 年 2 月 13 日。

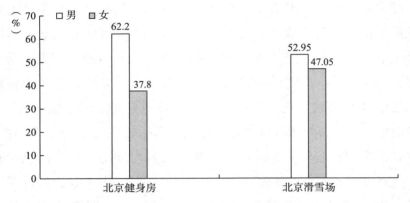

图 1 – 24 北京健身房、北京滑雪场搜索人群性别分布

资料来源：百度指数。

三 休闲供给覆盖文化、旅游、体育、 康养、娱乐等多业态

在建设国际一流的和谐宜居之都的进程中，北京市科学规划、积极布局，培育了一批满足人民群众美好生活需求的休闲产业。在疫情防控常态化背景下，北京休闲产业供给依然旺盛，形成了"百花齐放"的新局面。

（一）文化休闲多样化

作为文化中心城市，北京市的文化资源非常丰富，文化休闲场所尤其是公共文化休闲空间供给相对充足。2014 年，全国首个也是唯一一个国家级文化产业创新实验区落户北京市朝阳区，为北京市民的文化休闲提供了全新空间。2020 年，实验区规模以上文化企业实现收入 1300 亿元。郎园、莱锦、懋隆、首钢等成功实现老旧厂房的"腾笼换鸟"，成为北京市文化休闲的新空间，吉里、东亿、西店记忆等文化事业产业融合示范区以"文化产业园区＋城市文化公园"的

"朝阳模式"成为北京市文化产业创新发展的新空间。

文化产业园被鼓励和引导向城市文化公园转型，通过打造图书馆、美术馆、博物馆等公共文化空间，拓展园区的周末休闲、时尚消费和文化惠民功能，实现开放式发展。博物馆、美术馆、科技馆、图书馆等成为北京市民日常休闲的重要场所。菁英梦谷时尚创意梦工场充分利用老旧厂房中的运煤通道、冶炼锅炉、稳压罐等，塑造了独特的景观雕塑，并在园区内配套提供大空间艺术展厅、梦想 Show 舞台、花园酒吧、健身会所等公共文化空间和休闲娱乐场所；北化机爱工场文化科技融合产业园中的熹阅堂图书馆，以一座白色梦幻的螺旋楼梯吸引了大量市民来此打卡。线下书店在疫情冲击下走出城市孤岛，以图书外卖、阅读社群、短视频直播等更贴近老百姓日常生活的方式推广"精神休闲"。北京市和美团就"实体书店＋美团平台计划"达成产业协同框架协议，72 家实体书店率先进驻美团平台，并得到平台免费入场、流量补贴等支持。剧场剧院推出惠民低价票补贴政策，既保障了市民的基本文化休闲权益，又促进了演出市场的繁荣发展。剧本杀、密室逃脱等文化休闲新业态成为北京的年轻人热衷的文化休闲方式。休闲生活与文化产业的融合发展，促使文化休闲向市井化、大众化转变，为休闲产业基础消费市场的扩大提供了群众基础。

（二）旅游休闲短途化

疫情防控常态化背景下，北京居民的旅游休闲正由过去的出境游和长途游向高频次的短途京郊休闲转变，高密度的"扎堆式"景区游览向低密度的度假放松转变。北京市消费者协会发布的《2021 年北京旅游消费体验调查报告》显示，2021 年北京居民以近远郊和市内六区游览为主，北京旅游市场呈现显著的"本地周边游"消费特征。京郊观光采摘园、养殖垂钓园、房车露营、温泉花卉度假村等受到追捧，金海湖、密云水库、十渡、雾灵山、龙庆峡和小汤山温泉区等成为热门的旅行休闲目的地。一方面，京郊的短流动距离和非封闭的环境既能为旅行带来安全保障，又能满足人们对休闲异地化的心理追求；另一方面，这些旅游休闲产品提供了一个相对私密的亲密关系发酵空间和与自然零距离接触的机会，达到了疫情紧张氛围下身心两方面的舒缓。

（三）农业休闲精品化

2021年，北京市休闲农业园已突破千个，"十百千万"畅游工程更是通过打造高质量的休闲农业精品项目，追求"简奢""静奢""野奢"的乡村休闲美好体验，满足市民对"逛京郊·品京品·享京韵"的休闲需求。北京农业休闲以"京华乡韵"品牌为引领，重点实施京华风貌、乡韵风俗、乡韵风味、京华风情、京华风尚五大重点工程。采摘、骑行、民俗文化表演、特色庄园、农业文化遗产、农事节庆活动等丰富了农业休闲的产品体系，休闲农业向科普创新、农耕文化、乡愁记忆、自然生态等方向不断深入，农业生产与休闲观光、科普教育、文化体验、亲子娱乐等功能进一步融合。农业休闲产业也从单点农业园提升向区域村落协同的方向发展，密云区溪翁庄镇的金叵罗村、门头沟区清水镇的洪水口村、顺义区龙湾屯镇的柳庄户村等都依托精品化的休闲农业，推动乡村振兴。

（四）康养休闲综合化

北京市康养休闲产业覆盖面广、档次多、消费需求旺盛，疫情后又迎来综合化的特征。洗浴、温泉等行业逐渐跳脱出低成本的取水开店的开发模式，以泉水为核心资源向足疗、桑拿、按摩等方面拓展，提供一站式服务。水裹、花溪沐、汤泉良子等集成型汤泉养生休闲地在青年人群中风靡，私汤、包院等私密性更高的休闲产品在假日期间受到家庭消费者的青睐。北京海湾半山温泉酒店带有私汤的房间在

2021 年的春节假期中备受欢迎，精品民宿品牌大隐于世的别墅和小院更是"一院难求"。

康养类休闲场所还会通过建筑布局、传统康体保健技法、特色演艺活动及汤泉配套服务设施等设计，将中医理论和民俗文化等融入产品理念，充实交互性活动，完善服务生态。除此之外，康养休闲产业还与声光视讯企业合作，构造以灯光为典型代表的夜间吸引物，引入新的娱乐场景延长消费链，推动产业整体向服务内涵更丰富的综合化特征发展。

（五）娱乐休闲沉浸化

强体验性的场景消费已成为娱乐休闲的主流趋势，沉浸式娱乐项目在行业中"遍地开花"。沉浸式影院成为继私人影院后观影场景的又一次升级，通过环幕投影、三维图形、立体声响等技术产生一个完全浸入的虚拟环境，为观众带来多感官、全视角的体验。首钢园全息酒吧、幻影星空 VR 体验馆、长藤鬼校等活动也更加强调消费者在体验中的参与感和互动性，力求以逼真的环境氛围获得消费者的情感共鸣，从而实现身临其境的真实感。白日的音乐节和夜晚的 Live House 也是娱乐消费升级迭代的两大重要表现形式。北京的迷笛、草莓、麦田、国际音乐节等涵盖摇滚、电子、流行、民谣等全方位的音乐形式，使得观众沉浸在一种理想的狂欢之中。Live House 相比其他夜场娱乐来说，是一个集音乐、视觉、艺术、空间、环境于一体的美感聚集地，被缩短的观演距离进一步优化了观众的直观体验，带来刺激性更强的沉浸感冲击。

（六）体育休闲普及化

在建设"国际体育名城"的进程中，北京市进一步扩大体育活动的人群覆盖范围，将以提高居民体育素养和放松身心为目的的体育赛

事、体育产业不断推广普及。在做好疫情防控的前提下，北京市 2021
年成功举办了北京国际长跑节—北京半程马拉松、密云马拉松、城市
副中心马拉松、国际帆船赛、国际风筝节等重要赛事。万人级别的体
育赛事在疫后得到恢复，全民健身体育节、体育大会等各级各类线上
线下的体育活动参与人次超过 1150 万。2021 年，北京市建成了 367
处体育健身活动场所，创建了 41 个全民健身示范街道和体育特色乡
镇，有效落实了体育休闲领域的众多民生实事项目。北京市还通过举
办 "8.8 北京体育消费节"，发放冰雪消费体验券等方式鼓励民众参
与到体育休闲中来。

（七）商业休闲特色化

北京市大力推进商业休闲街区建设，创建了一批首都文化特色鲜
明的旅游休闲街区。展示中轴线魅力的前门大街、夜生活最 "繁华" 的
高端娱乐街区三里屯、"文体两开花" 的华熙 LIVE·五棵松、文艺时尚典
范的 751D·PARK 等，这些商业休闲街区既有鲜明的主题，又极具地域特
色，在融合了休闲、观光、购物、娱乐、餐饮、住宿等各类业态的同时，
还具备着公共服务、文化体验以及旅游休闲等综合性功能。多元化、广业
态、新模式已成为如今北京市休闲街区的显著特点，各美其美的商业休闲
街区跳脱出传统的购物集合地概念，成为品质生活的代表。鲜明的地域特
色加重了北京城市的文化氛围，成为地方休闲业态的新亮点、主客共享休
闲的新空间，大大提升了北京市的知名度和美誉度。

四　休闲产业发展中的问题及建议

（一）北京休闲产业发展中存在的问题

1. 结构性供给不足，区域分布不均衡

北京市的休闲产品供给虽然已有长足的进步，但休闲产品供给结

构不合理，高品质休闲度假产品供给不足，不能满足北京居民近距离、高品质休闲度假的需求。综合性度假酒店、体验性消费项目、集聚性休闲业态相对不足。从空间分布看，北京的休闲产品相对集中于城区，郊区高品质休闲产品供给严重不足。以高星级酒店为例，北京市59家五星级酒店中90％的分布在城六区，12个郊区只分布了10％的五星级酒店。

2. 产品同质化较高，产业链有待形成

北京市休闲产品存在一定程度的同质化问题，郊区民宿大多停留于相对初级的食宿产品阶段，参与性、体验性、文化性、娱乐性、综合性产品不足；城区的按摩、足浴等大多同质，缺乏差异化的内容和服务；文化街区、文化园区的业态结构趋同，特色性不够鲜明。同时，北京的休闲产业大多未形成产业链集群，虽有同类休闲产品的集聚区，但主要是同质性产品的集聚，缺乏产业链条的集聚。虽然形成了三里屯酒吧街、食宝街、簋街等休闲街区，但并未围绕产业链做延伸，主要是业态集聚。

3. 疫情压抑需求释放，新业态政策有待完善

受疫情反复的影响，休闲产业供需两端的不确定性都大大增加。从供给端来看，流量控制对休闲服务的模式提出了新的要求，人力、场地、设施设备和安全性控制成本大幅提升，休闲企业业务受到压抑。从需求端来看，休闲消费"内向化"[1]的趋势将继续保持，休闲需求弹性也会进一步增大。线上休闲比重有所提升，对于实体性休闲企业带来压力。

与此同时，密室逃脱、剧本杀等内容型新业态快速增长，成为居民休闲的常见形态。伴随新兴业态的快速增长，剧本杀剧本市场鱼龙混杂，一些剧本为获得"眼球效应"而采用荒诞、血腥、暴力等话

---

① 邹统钎、吴丽云主编《北京休闲发展报告（2020）》，社会科学文献出版社，2020。

题，甚至歪曲历史或充满迷信内容。同时，市场上也有大量的盗版本和抄袭本，不仅无法为玩家带来良好的剧本杀体验，还会造成不良的价值观输出，误导消费者。休闲新业态亟须发展引导和规范。国内除了上海市印发了《上海市密室剧本杀内容备案管理规定（征求意见稿）》外，其他城市尚未对剧本杀等新业态的发展进行规范，"野蛮生长"的休闲新业态也带来了市场的不稳定。

4. 人才队伍建设滞后，创新源泉动力不足

休闲产业涉及民众生活的方方面面，要实现高质量发展离不开专业的运营管理人员和与时俱进的创新精神。北京市休闲产业发展队伍中，复合型运营人才缺乏，具有交叉学科知识的专长型管理人才缺口较大，后备补充力量的培养体系不完善。高端休闲人才的匮乏导致休闲产品转化率和落地率较低，营销手段传统，缺乏吸引力，市场需求嗅觉不灵敏，从而使得休闲产业的发展难以突破质的蝶变。同时，地区休闲产业经营主体以当地人为主，管理方式相对粗糙，外来资本和高素质人才引进力度不够，发展格局和思路易陷入故步自封的状态，不利于供给的持续性创新。

（二）北京休闲产业发展建议

1. 优化休闲产品供给结构，促进区域均衡发展

进一步优化休闲产品供给结构，促进北京市休闲产业提质升级。从产品类型上，丰富内容型、体验型、度假型休闲业态，为北京居民提供高质量的休闲产品。鼓励发展综合性度假村、旅游综合体、文创园、文化街区、科技休闲、生活方式书店等内容，增加高品质休闲产品供给。从区域均衡发展角度，促进郊区高品质休闲、度假酒店、主题民宿等的发展，完善郊区乡村休闲、文化休闲、康养休闲、娱乐休闲等各类休闲产品供给，为北京居民的本地游、周边游提供内容更丰富、业态更全面、品质更高的产业体系。

2. 以科技、创意引领休闲产业发展，加强品牌建设

北京休闲产业的发展，需要以创意为引领，结合各区县资源特色和消费需求，打造本地有别于他地的独有休闲产品，避免同质性产品集聚导致的恶性竞争，提升休闲企业的市场竞争力。同时，要推动休闲产业的提质升级发展，从旁观式的休闲转向全身心参与的休闲，推动郊区民宿向特色化、综合化、主题化方向发展。以科技为引领，推动休闲业态与虚拟现实、增强现实、人工智能等新技术相结合，打造数字休闲经济，全面提升游客的休闲体验。

推动休闲企业围绕核心产品打造休闲品牌，提升休闲产品的竞争力和可持续发展能力。围绕文化休闲、体育休闲、康养休闲、乡村休闲、娱乐休闲、旅游休闲等多个业态形成一系列休闲产品品牌，提升北京休闲产业的整体竞争力。

3. 完善新业态政策，引导内容型休闲业态发展

鼓励休闲新业态的发展，同时应完善休闲新业态的发展政策引导，实现审慎监管下的发展。剧本杀等休闲新业态亟须破解过去自发式"野蛮"生长而带来的部分剧本内容质量低、价值观不正、模仿抄袭、安全风险高等问题，为避免"劣币驱逐良币"，剧本杀行业需要步入以包容审慎监管为指导的规范发展新时期。对剧本杀业态的监管，应在规范企业运营资质、经营场所、安全监管、内容审查和引导、版权保护的基础上，为剧本杀企业的高质量发展营造良好的环境，鼓励企业创作更高质量的剧本，消除剧本杀场地的安全隐患，培育剧本杀相关从业人员，完善产业链条，引导剧本杀运营企业步入良性竞争发展的新时期。同时，通过制定剧本杀行业发展的规范、标准，为剧本杀行业的可持续发展提供指引。

4. 加大综合性人才培养力度，赋能休闲产业发展

加大对融合性、综合性休闲人才的培养力度，以适应多业态融合的休闲经济发展新形势。鼓励高校、高职和中职学校开设休闲专业，培养休闲领域专业管理人才。北京市各相关部门可通过举办公益性培训班、讲座等多种形式，为各类别休闲业态从业人员提供常态化的学习渠道，提升从业人员的专业素养和知识储备。推动校企合作，为休闲企业从业人员提供定期到高校进修、学习的机会，也为高校学生提供到休闲企业开展实践的机会，形成综合性的、可持续的人才资源库。鼓励大型休闲企业以组织实战培训班、训练营等形式，带动中小企业的人才培养，提升行业从业人员的运营、服务技能。

五　微度假、内容、冰雪、夜间等休闲形态趋热

（一）京郊微度假、微旅游趋热

在新冠疫情不断反复的情况下，跨省旅游成本增加，而作为其替代产品的京郊旅游则热度不减，迎来了新一轮的上升期。2020年，北京启动"畅游京郊"项目，以精品民宿为核心，设计了四大主题40条京郊旅游精品线路，打造了怀柔区满族文化旅游节、延庆区民宿音乐节、大兴区采育葡萄旅游文化节等30多个特色主题活动，持续提升品牌影响力。2021年，北京市休闲农业区域品牌"京华乡韵"亮相并同步上线掌上游小程序服务平台。十余条休闲农业精品线路以及沿线的星级休闲园区、乡村民俗民宿、各类演出娱乐和特色农产品等一应俱全，亲子研学、观光采摘、农事体验等多品类服务穿插其中，形成了京郊度假休闲的综合服务消费市场，建设了一个多业态融合创新的乡村文旅消费综合体。门头沟、房山、密云等区开展传统村落保护利用，打造了一批以传统村落为依托，融滑雪、登山、徒步等活动于一体的京郊休闲度假地。与此同时，温泉养生、森林康养等旅游产品也逐渐受到重视，老年健康和养生旅游市场逐步崛起。

作为新兴的出游方式，京郊的房车、露营、野餐等玩法异军突

起，"精致露营"成为不少情侣、闺蜜死党、企业团建和亲子家庭热衷的出游方式。北京大兴区的大热荒野营地、平谷区的金海湖碧波岛露营地、延庆区的熊斯基荒野露营地等都是露营体验者们的首选打卡地。这些营地的共同点都是"精致化"，营地会提供专业的户外设施、野炊装备、帐篷搭建教学和篝火娱乐活动，游客无须自行准备装备，直接"拎包入住"即可享受半私密、半开放的社交体验，能在不失去露营的自主性和探索性的同时享受到优雅的生活节奏和粗犷的自然体验。"精致露营"的风靡表现出疫情推动下周边游消费圈层的升级，是休闲追求向自然的回归，更是未来乡村旅游市场中不可忽视的有力补充。

（二）剧本杀、密室逃脱等内容休闲渐成热潮

剧本杀、密室逃脱、实景桌游等已成为当下潮流娱乐中颇受喜爱的休闲方式，其参与阵地也从线上的虚拟软件向线下的实景空间转移。以芒果TV为首的剧本杀类综艺是推理类休闲方式被大众认知的源头；2020年新冠疫情的不期而至阻断了现实社交的道路，催生出线上剧本杀App的大体量发展，并为其后的线下导流培养了"粉丝"基础；2021年疫情防控常态化时期，被压抑的线下社交需求得以释放，线下剧本杀吸引了大批26～40岁的中坚消费人群，力压众多传统的娱乐休闲形式，成为新时代休闲方式的"领头羊"。

北京市的线下剧本杀市场如雨后春笋一般，呈现出"井喷式"的增长。门店多、流量大、更新快、层次广是北京市剧本杀店的典型特征。《北京日报》的调查显示，北京市剧本杀线下门店已从2019年的400余家激增至2021年的1699家，位列全国第一，人均消费价格从100元到600元不等。艾媒咨询调查数据显示，八成北京剧本杀玩家体验过线上剧本杀游戏，37.1%的玩过线下圆桌剧本杀，31.4%的玩家体验过线下实景剧本杀。在子女带动和团建活动的推动下，部分中

老年人也开始接触并体验剧本杀，剧本杀的市场潜力被进一步挖掘。

北京的剧本杀商家主要集中于三里屯、海淀大学城周边、高碑店等地，大学生导向的海淀区和团建导向的朝阳区是北京市剧本杀店的重点布局区域。两区内的导向业态都带有明显的强社交性，说明剧本杀在北京繁殖的内在逻辑源于"趣缘群体"，这种对归属心理的满足持续供养着剧本杀市场的成长。北京剧本杀产业发展的另一大动力来源于当地雄厚的影视资本积累。在疫情震荡下，北京高碑店地区大量中小微影视企业将业务重心从传统媒体行业转入剧本杀市场，催生出一批优质的原创剧本和主持人，为剧本杀产业的壮大提供了人力资源。

（三）冰雪运动休闲成为新消费增长点

北京冬奥会的举办让北京市冰雪运动的参与人数有了突飞猛进的提升，不仅在实现"带动三亿人参与冰雪运动"的目标中作出了突出贡献，还为北京市留下了大批奥运遗产，为北京冰雪运动休闲市场发展奠定了场馆基础。北京市体育局的统计数据显示，北京冰雪场地设施供给大幅攀升。冰雪场地由冬奥会申办前的 42 座冰场、44 块冰面、22 处雪场，发展为目前的 82 座冰场、97 块冰面、32 处雪场。商业与冰雪项目的融合也是冰雪休闲的一大趋势。雪乐山、斯奇曼、十万雪级等连锁室内滑雪场相继入驻北京各大购物中心，五棵松则开设了华熙 HI－ICE 冰乐园。冬奥会的举办加快了冰雪运动与休闲地产的结合，以冰雪运动为内容、休闲空间为载体的体育休闲赋能模式得到践行。冰雪运动产业正在以多样化的形式渗入北京的休闲市场生态，为体育休闲带来了新的消费增长点。

冬奥申办成功以来，北京雪场年客流增长都在 30％ 左右，客源范围从专业的冰雪爱好者逐步向初学者和零基础群体拓展。低龄化和亲子消费特征凸显。2021～2022 雪季，低龄滑雪消费者快速增长。万科石京龙滑雪场 3~6 岁的滑雪者由往年的 5% 上升到 2022 年的 20%。去哪儿平台数据显示，在全国 2021 年的雪季消费中，北京市的热门冰雪场最多，南山、怀北、军都山、石京龙、渔阳等滑雪场都名列全国热门滑雪场的前 20 位。北京市还在 2020~2021 雪季发放冰雪体验券近 5 万张，市民参与冰雪消费的热情被极大地鼓舞，冰雪休闲市场得到进一步下沉，大众的参与度显著提高。北京国际消费中心城市建设专场新闻发布会的数据显示，2022 年北京参与冰雪运动的人数预计将达 1000 万，青少年冰雪运动将得到长足进步。

（四）夜间休闲带热夜经济

自 2018 年推出"深夜食堂"以来，北京市夜间休闲市场快速发展，夜间消费持续扩大，正迈向以高质量发展为引导的新时期。北京市夜间休闲消费需求旺盛，消费内容相对集中。本报告调查显示，约 83% 的受访者有夜间消费经历，约 42% 的受访者每周有 1~3 次夜间消费，约 75% 的受访者夜消费时长为 1~3 小时，夜消费已成为北京居民的常态化消费行为。受疫情影响，北京居民的夜间休闲消费场景已由线下为主向"线上—线下"结合转变，线上休闲从网购和外卖拓展到网游、手游、电竞等新兴领域，线下消费则集中于餐饮、购物和观看演出。

北京市休闲热点区域定位于东部，其中 CBD、三里屯、望京三大商圈夜经济活跃度位列前三，王府井超过 100 万人的高峰客流是在夜市。2020 年国庆节期间，北京市夜间景区门票及外卖订单量与上年同期相比分别增长 12.66% 和 16.25%，表现出夜间休闲娱乐对北京市消费市场的强劲拉力。2021 年，北京市网红打卡地官方推荐榜单新增夜间经济板块并有 10 地上榜，玉渊潭公园、北京世界公园和奥林匹克森林公园等公共休闲区域也开始探索"夜公园"的休闲模式，同周边休闲餐饮、购物等经济体相呼应，共同构建夜间休闲生态。

　　同时，北京市夜间休闲产品供给日益丰富，已初步形成了以"夜京城"地标、商圈和生活圈为代表的夜经济集聚区。夜商业、夜餐饮、夜文旅、夜体育、夜康养等类型多样、层次丰富、吸引力强的休闲业态不断拓展，五棵松、簋街、三里屯、朝阳大悦城等商圈或大型商业综合体应势而起，夜经济供给体系日趋完善。24 小时书店、"博物馆奇妙夜"等夜间文化休闲供给增多，夜间休闲配套基础设施和公共服务不断完善。在我国第一批国家级夜间文化和旅游消费集聚区名单中，北京六地榜上有名，这些集聚区对北京市夜间休闲的发展起到了良好的示范带头作用，也彰显出北京夜间休闲的强大生命力。

II 业态篇

2　北京文化休闲发展报告

胡　娜　王菲菲[*]

摘　要　2021年，随着人民群众休闲消费需求的变化，文化休闲在日常休闲活动中占据越来越重要的位置。面对新冠疫情的挑战，在推进全国文化中心城市建设进程中的北京，从文化产业和公共文化建设两方面着力，政策制度帮扶引导和行业转型升级同步推进，坚守创新，通过内涵品质建设和时代特色彰显，保障了人民群众文化休闲需求丰富多样的产品供给，并在此基础上实现了文化艺术对社会更广阔的辐射引领作用。

关键词　文化产业　公共文化　数字化转型　文旅融合　北京

一　2021年北京文化休闲发展总体状况

2021年是"十四五"开局之年，也是疫情之下文化艺术行业坚守、突破的一年。从北京地区人民群众的休闲选择来看，文化艺术消费对人民群众生活品质的提升作用越来越突出，在众多休闲选择中，

---

* 胡娜，中国戏曲学院艺术管理与文化交流系副教授，研究方向为文化产业、艺术管理、文旅融合；王菲菲，易华录文化大数据研究所研究员，研究方向为文化大数据、红色文化、文旅休闲。

文化休闲已成为消费购物之后城乡居民重要的日常生活选项。这种变化一方面来源于大众休闲本身的发展，另一方面也和北京市大力推进全国文化中心建设，文化产业的发展和公共文化建设密切相关。2020年以来，北京地区的文化产业受到疫情的冲击，北京市多环节出手，从供给和需求两个方面同步推进：一方面，通过系列政策为文旅企业纾困，引导行业转型升级；另一方面，激发文化消费活力，进一步强化消费对供给的带动作用。在政策和需求的共同作用下，作为供给主体的文化行业坚守、突破、创新，为人民群众的文化休闲提供了更高品质的产品和服务。

（一）业态创新与品质提升，文化产业在行业复苏中完善休闲供给

文化产业的发展是文化休闲产品供给水平的直接体现。2020年新冠疫情的出现给文化企业的发展带来了直接的冲击和挑战，也影响了产业的变革。北京市迅速出台包括《关于应对新冠肺炎疫情影响促进文化企业健康发展的若干措施》及多个专项政策在内的系列政策，为企业纾困。2020年12月7日，北京市发布《中共北京市委关于制定北京市国民经济和社会发展第十四个五年规划和2035年远景目标的建议》，其中2035年远景目标提出，要推进文化产业发展引领区建设，并提出系列建设思路。在政策的帮扶引导、行业的自救与革新以及人民群众的文化休闲需求释放下，北京的文化产业逐步复苏。北京市统计局公布的信息显示，2021年北京市规模以上文化产业实现营业收入17563.8亿元，同比增长17.5%，实现利润总额1429.4亿元，同比增长47.5%，吸纳从业人员64万人，同比增长4.8%。多方面指标较2020年全年有明显的提升，显示了文化产业复苏的蓬勃动力（见表2-1）。需要指出的是，除了传统文化行业的内生性发展和转型、数字化新业态的发展之外，在文化产业项目的推进中，无论是艺

术创作还是产品设计、活动举办，都围绕古都文化、红色文化、京味文化、创新文化的主题，深入挖掘具有首都文化内涵的、原创属性的文化产品和文化项目，在满足人民群众的文化休闲需求上，既发挥了北京市文化产业在社会价值引领方面的作用，也获得了市场的认可，北京市文化产业发展的内驱力不断体现。

表 2-1　2021 年北京市规模以上文化产业情况

项目	收入合计（亿元）		利润总额（亿元）		从业人员平均人数（万人）	
	1~12 月	同比增长（%）	1~12 月	同比增长（%）	1~12 月	同比增长（%）
合计	17563.8	17.5	1429.4	47.5	64	4.8
文化核心领域	15848.3	17.8	1343.3	48.2	54.8	6.5
新闻信息服务	5124.9	21.5	54.7	-79.6	14.8	4.6
内容创作生产	3912.8	30.8	1131.8	132.6	17.5	6.6
创意设计服务	3925.3	6.2	84.6	12.7	11.1	0.2
文化传播渠道	2727.4	12.5	97.1	51.4	8	11.7
文化投资运营	45.2	11.1	16.3	-36.2	0.3	-0.1
文化娱乐休闲服务	112.6	38.5	-41.2	—	3.2	31.5
文化相关领域	1715.6	14.4	86.2	37.7	9.2	-4.1
文化辅助生产和中介服务	761.7	11.4	38.9	49.1	7.6	-4.7
文化装备生产	120.3	8.3	3.7	24.9	0.7	-10.8
文化消费终端生产	833.6	18.4	43.6	30	0.9	7.1

资料来源：《规模以上文化产业情况》，北京市统计局官网，http://tjj.beijing.gov.cn/tjsj_31433/yjdsj_31440/wh/2021/202202/t20220207_2605342.html。

（二）公共文化设施体系建设进一步落实，创新运营满足休闲需求

2021 年，北京市现代公共文化服务体系构建进一步推进。立足

于公共文化发展现状，创新拓展公共文化设施体系，带动高品质服务的供给，让公共文化服务在满足人民群众的文化休闲需求中发挥着更加重要的作用。2021 年 12 月，北京市文化和旅游局就《北京市公共文化服务保障条例（草案征求意见稿）》公开征求意见。政府对于公共文化服务的保障高度重视，并以政策的形式进行保障，助力公共文化服务的发展。

截至 2022 年初，北京市建有市、区、街乡镇和社区四级公共文化设施 6844 个，设施全部实现免费开放，市区两级覆盖率达 100%，基本形成"十五分钟公共文化服务圈"。公共文化设施的建设不断完善，可以较好地满足市民需求。遍布大街小巷、服务周边居民群众文化休闲的基层公共文化空间建设成亮点。

除了空间建设和设施完善之外，多个地区的文化活动中心都在探索运作模式的创新，根据居民需求不断进行改善，阶段性成效显著。北京市东城区在运营方式上不断拓展创新，积极引入专业社会力量参与建设运营，涌现出了美后肆时、南阳·共享际、史家胡同博物馆、东四胡同博物馆、朝阳门社区文化生活馆（27 号院）、耕读空间等一大批有影响力的城市公共文化空间。北京市朝阳区围绕人民群众的精神文化需求，构建"3 + 1"四级公共文化服务设施网络，实现设施全覆盖、拓展公共文化服务空间、打造"阅读生活圈"等措施。2021 年 5 月，昌平区天通苑文化艺术中心建成投用，高品质的文化生活空间，丰富了回天地区多项公共文化服务功能，已累计接待市民 43 万人次。

（三）文旅融合内部驱动强化，拓宽文化休闲方式

近年来，文化和旅游的融合日益成为从政府到社会的共识，也为文化休闲提供了更加丰富的产品业态。不过，疫情的出现给依托现场的文化产业和旅游行业带来了直接的冲击。对此，2020 年北京市出

台《关于应对新冠肺炎疫情影响促进北京文化企业健康发展的若干措施》等系列政策帮扶文旅企业纾困，并支持文化机构运营转型升级。从 2020 年到 2021 年，在政策的引导帮扶和人民群众文化休闲需求的提升影响下，文化和旅游行业的融合发展逐渐从外部驱动转换为内部认知，向内生性发展进一步探索。文化和旅游融合的思路更加全面深入地体现在文化艺术机构和项目的规划发展运营中，为人民群众的文化休闲提供了更多元的产品。

2021 年，文旅产业的需求和市场逐步恢复，北京地区文化艺术资源对群众休闲旅游的优势也逐渐释放。北京地区包括博物馆、剧场、美术馆、古建、文化活动中心、文化产业园区等不同性质、主题的文化场馆设施空间在运营上都进一步凸显了面向大众的休闲美育功能，成为外来游客和本地市民文化休闲的重要目的地。众多的文化艺术空间举办了有创新性的文化休闲项目，并成为网红打卡地，在丰富人民群众文化休闲选择的同时，文化艺术也在多元的空间中进一步亲近市民。

二　2021 年北京文化休闲发展的主要特点

（一）文化消费引领建设与发展

在国际消费中心城市建设的目标之下，北京地区的文化休闲活动获得了强有力的支撑。2021 年 8 月，《北京培育国际消费中心城市实施方案（2021～2025 年）》（以下简称《方案》）出台，《方案》提出了"十大专项行动"，其中"消费新地标打造行动"提出依托故宫—王府井—隆福寺"文化金三角"，打造彰显文化时尚魅力的消费地标；将前门大栅栏商圈打造成为以"老字号 + 国潮"为特色的传统文化消费圈等专项行动。在"全市一盘棋"的统筹推进下，2021 年北京市总消费同比增长 11%，消费市场整体恢复至 2019 年疫情前水平。

政策的支持、活动的举办与多样的激励措施，大力促进了文化消费的产生。以北京惠民文化消费季为例，2021 年累计举办活动超 3 万场，线上线下参与人次 18.46 亿，直接消费金额 89.5 亿元。消费季期间，线上活动共计 24219 场，较往年大幅增长，线上浏览量 18.32 亿人次，占总参与人次的 99%，线上文化消费 62.73 亿元，占比 77.92%；活动总体成效显著，直接消费金额较上年增长 10.2 亿元，增幅 13%。[①] 北京惠民文化消费季不仅结合了建党 100 周年、冬奥、首都文化等主题，还突出了数字文化、文化体育、养老消费、夜间经济等文化消费趋势，对于文化消费进行了全面的促进。

除了对文化消费的直接带动外，文化消费对文化生产领域的触动作用也日趋明显。从国有到民营，不同性质、不同规模的文化艺术机构在运营管理中都更加强调对受众需求的关注，创新产品业态，提升产品品质。在文化消费的刺激下，以文化 IP 集群、文商旅融合为特色的"故宫以东"项目，以朗园为代表的文化产业园区的创新运营等文化产业品牌项目逐渐做大做强。

消费带动生产，需求带动供给，文化消费是牵引文化休闲发展的重要引擎。在《北京市"十四五"时期文化和旅游发展规划》中，提及消费之处有 26 次，提出了北京进入"品质文旅消费时代"。

（二）数字化转型与新业态发展

数字化转型是顺应时代发展的需求，而疫情的出现让这种需求提速了。无论是文化产业的发展还是公共文化服务的完善，北京市对于数字化发展都高度重视，相继发布多部政策文件给予引导。在 2020 年 4 月出台的《北京市推进全国文化中心建设中长期规划（2019 年~

---

① 徐婧：《第九届北京惠民文化消费季收官 超 18 亿人次参与活动》，光明网，https://m.gmw.cn/baijia/2021-12/29/35413957.html，2021-12-29。

2035 年)》中，提出到 2035 年，实现数字图书馆、数字文化馆、数字博物馆各区全覆盖，充分发挥数字文化服务在公共文化服务体系建设中的重要作用。2020 年 6 月，北京市出台《北京市加快新场景建设培育数字经济新生态行动方案》，指出要围绕内容创作、设计制作、展示传播、信息服务、消费体验等文化领域关键环节，推动人工智能、大数据、超高清视频、5G、VR 等技术应用，促进传统文化产业数字化升级，培育新型文化业态和文化消费模式。2021 年 7 月，《北京市关于加快建设全球数字经济标杆城市的实施方案》出台，提出要促进数字技术与实体经济深度融合，打造中国数字经济发展"北京样板"、全球数字经济发展"北京标杆"，加快建设全球数字经济标杆城市。

在需求的凸显和政策的引领下，数字化成为北京文化产业的重要发展方向，数字创意产品的消费也成为疫情之后居民文化消费的重要选择，并有愈发明显之势。文化领域的数字化加速转型持续推进。文化休闲消费场景加速向线上迁移，线上需求在增大。一方面，传统的现场文化消费领域进一步推进数字化转型的探索。2020 年至今，北京多家文化艺术机构都积极探索演出的上云上线、云展览、数字图书馆、数字博物馆、数字非遗展示等。其中包括可以360 度实景视角游览故宫、近距离欣赏各样国宝珍品的"全景故宫"；中国国家博物馆在数字展厅中为过往的专题展览提供了实景观展体验，可以在线观看像"大唐风华""伦勃朗和他的时代"等国内外主题的展览；以"京演快剧场"为代表的一批特色线上文化艺术项目以及国家京剧院与中国移动咪咕公司联合出品的"5G +4K"云演播大戏《龙凤呈祥》。另一方面，在传统线下文化业态的数字化转型与数字文化的新业态蓬勃发展同步推进的过程中，也逐渐呈现出向线上线下融合发展的趋势。2021 年，北京全年实现数字经济增加值 16251.9 亿元，占全市地区生产总值的比重为 40.4%，比上年提高 0.4 个百分点。[①] 北京市数字经济总量的持续增长，表明数字文化消费生态圈正在形成，数字创意成为激发消费潜力新引擎。

2021 年被称为元宇宙元年。北京在布局元宇宙方面也高度重视。2022 年 1 月 7 日"推动新时代首都发展"新闻发布会提出北京将推动组建元宇宙新型创新联合体，探索建设元宇宙产业集聚区。强调现实空间和虚拟空间联结转换的元宇宙，为文化产业的发展带来了新的机遇与挑战，拓展了数字场景创新的可能性。

（三）微休闲成为文化休闲新趋势

主客共享的文旅融合是新时代文旅融合重要特征。从旅游发展的角度，主客共享也是旅游组织散客化、旅游消费休闲化发展后的新需求。文旅融合不仅体现在特定的旅游景点和目的地，同时要满足本地居民的文化休闲需求，并在更多日常化的场景中实现对群众文化休闲需求的满足。而疫情的出现催生了微旅游、微休闲的需求，休闲直径1~2 公里的文化微休闲活动成为北京市民的重要选择。城市的公共文化设施建设与运营在满足群众微休闲方面发挥了愈发重要的作用。分布在社区中的包括书店、社区文化中心以及博物馆在内的公共文化服务产品的创新与能效品质的提升发挥了对休闲和旅游的支撑功能。朝阳区进一步完善"3＋1"四级公共文化设施服务网络，打造 15 分钟文化服务圈，朝阳居民出门 15 分钟内，就能找到读书、看演出、看展览、参加文艺活动的场所。而北京针对微休闲的文化活动正在逐步推陈出新。为此，北京市发起了"休闲品建——发现北京之美"文旅资源开发专项行动，以城市中的建筑为切入点，让市民和游客在休闲中感受北京城市更新过程中的美。在微休闲需求的带动下，日常场景空间的文化特色不断强化，体验愈加丰富创新，涌现出一大批分布

[①] 北京市统计局、国家统计局北京调查总队：《北京市 2021 年国民经济和社会发展统计公报》，2022 年 3 月。

在北京城市各个地区的文化艺术网红打卡地。2021 年，北京市文化和旅游局积极适应疫情防控催生的消费业态变化，策划开展了"大北京、新场景、微旅行——只为找到你"微旅行线路征集评选活动，并最终推出了 50 条不同特色主题的优秀微旅行线路。

（四）跨界融合，文化消费溢出效应明显

跨界创新是文化产业创意价值的重要实现方式，也充分体现了文化产品的价值外溢效应。跨界综艺、新国潮、戏剧酒吧等跨界融合项目不断出现，满足了人民群众新的文化休闲需求。同时文化艺术也通过这种跨界融合以及与大众媒介的创新结合，实现了更加广泛的传播以及破圈的可能性。如"中轴线上"——"2021 北京古建音乐季"选取孔庙和国子监博物馆、古观象台、钟鼓楼等知名古建作为演出场地，邀请了 20 余组老、中、青知名艺术家、音乐家和文化学者，进行沉浸式的跨界演出，通过"演艺＋"创新了文物活化利用新路径。

融合的过程，往往也是文化艺术赋能的过程。"文化＋"成为产业和消费升级的重要方式。从街道到旅游景区，从城市到乡村，随着文化旅游的深度融合和不同休闲消费场景对文化的关注、挖掘、打造，文化休闲的场景也突破原有的文化空间进入新空间。更多老旧厂房拓展为文化空间，首钢文化产业园、首创郎园等成为网红打卡地。古建会馆在文化内容上也在不断创新丰富，焕发出新的光彩。街区、商场、综合体中，文化艺术更是成为亮点和特色。文化成为多个行业内涵发展的重要选择。

此外，文化也在乡村振兴的过程中发挥重要作用。2021 年 8 月，文旅部、国家发改委联合发布了第三批全国乡村旅游重点村名录名单。北京共有 6 个乡村入选，目前北京市共有 38 个乡村入选重点村名录。通过挖掘文化旅游资源，打造精品文旅休闲路线，带动郊区文化休闲的全面发展，正是北京美丽乡村建设的经验。

三 内涵理念建设推动文化休闲服务供给新格局

（一）"大戏看北京"带动文化演艺新生态建构

作为群众文化休闲的重要内容，北京的演出行业克服了疫情反复对演出的巨大挑战，为群众提供了优质的舞台艺术作品。北京市文旅局发布的数据显示，2021年全年全市共推出2415台演出剧目，举办营业性演出20597场，观众人数513.5万人次，票房收入约7.83亿元。与上年同期相比，演出场次增长195%，场次数量已经恢复到疫情以前（2019年）的九成。[①]

北京演出市场的复苏与"大戏看北京"文化名片的打造密切相关。北京市制定出台推动"大戏看北京"36条、深化国有文艺院团改革发展22条、加强新时代北京文艺评论14条等系列方案措施。北京的演出行业在创作、演出、传播、宣传、剧场运营、媒体和演艺产业链的各个环节都积极地思考探索如何助力"大戏看北京"的文化生态营造。

在"大戏看北京"的品牌号召下，演艺空间无论是硬件建设还是运营上都有了更加明确的目标。2021年，北京国际戏剧中心在北京人艺院内落成，新增曹禺剧场、人艺小剧场两个剧场；位于王府井街区，有着百年历史的吉祥大戏院于2021年7月重张；以会馆活化为特色的"会馆有戏"系列演出在湖广会馆、颜料会馆、台湾会馆、临汾会馆等8个会馆启动。此外，分布在北京商圈、文化产业园区等不同场景的表演艺术新空间正在形成。

在专业的剧场演出之外，表演艺术也通过公共文化的方式成为北

---

① 牛春梅：《去年北京演出市场共推出2415台剧目，举办营业性演出20597场！"大戏看北京"让剧场加速复苏》，《北京日报》2022年1月6日。

京市民的文化休闲选择，融入市民的日常。北京东城区在推进"戏剧之城"建设的过程中，不仅关注艺术创作，还通过"戏剧一帮一"将戏剧与社区生活、街道建设与校园文化等多维度市民生活结合，将专业院团、艺术家资源与学校、街道、社区等群众文化休闲生活联结，展现了北京地区深厚的戏剧文化群众基础。以天桥艺术中心为代表的剧院在运营中通过公共空间运营的创新和艺术教育活动的开展，让舞台艺术以多元的方式走进市民。

除了线下的演出、公共文化活动之外，北京文艺院团、剧场也在线上开展了一系列的尝试。2021 年 4 月，国家大剧院线上系列演出举办一周年，64 期线上演出全网点击量接近 20 亿次。北京演艺集团、北京人艺、北京京剧院等北京市代表性文艺院团也纷纷开启线上演出季或者直播。北京的国有文艺院团在文化演艺行业的数字化转型方面发挥了示范效应，也让群众的线上文化休闲有了更多的选择。

（二）"博物馆之城"让文博在保护中活起来

博物馆作为文化事业机构，使市民可以平等、自由地进行休闲与学习，是高质量的文化休闲场所。北京市博物馆数量较多、藏品丰富、底蕴深厚，有建立"博物馆之城"的良好基础条件。2021 年 5 月 18 日，国家文物局与北京市人民政府签订了共建北京"博物馆之城"战略合作协议。2021 年 11 月，北京市文物局印发《北京市"十四五"时期文物博物馆事业发展规划》，强调坚持文物保护利用改革和全国文化中心建设相结合，坚持保护第一与合理利用相结合，统筹"始终要把保护放在第一位"和"让文物活起来"的保护利用目标。

北京市博物馆数量、质量、规模都居于全国领先位置。北京现有备案博物馆 204 家，数量为全国城市之首，其中包含国家一级博物馆 18 家。从地域分布来看，全市 16 个区都有博物馆分布，朝阳区、东城区拥有博物馆数量最多，均在 35 家以上，东城区平均每 10 万人拥有 4.4 家博物馆，人均拥有博物馆的数量居于全市之首。北京地区博物馆藏品总数已达 1625 万件（套），可移动文物数量和三级以上珍贵文物数量均居全国首位，持续开放基本陈列 520 个，平均每年举办展览 600 多项，开展活动上千项，年均接待观众超过 5000 万人次。[①] 博物馆活动也丰富多样地展开，如首都博物馆 2021 年举办 5.18 国际博物馆日"博物馆之夜"活动，以"点亮博物馆之城"为主题，让文物"活起来"，为观众创造了体验式互动空间。

（三）"书香北京"让阅读走进生活，走进身边

随着社会环境的不断变化，市民对于文化休闲的需求越来越高，传统书店也在逐步转型，不断地完善配套设施，实现更多的文化休闲功能。北京市高度重视"书香北京"的建设。"十三五"期间，北京的实体书店数量已经达到 1994 家，实现了"万人拥有书店数量 0.8 个"指标和"一区一书城"建设任务。布局合理、层次分明、多业融合、遍布京城的书店发展新格局初步建成，在此基础上，实体书店的功能也不断拓展，与公共图书馆一起织密城市阅读网络，助力建设新型公共文化空间。发展至今，北京实体书店已经基本可以满足市民的需求，并实现了"书香北京"的阶段性目标。

2021 年，北京市首次对实体书店扶持政策进行了明确和细化。量化指标的目的在于促进实体书店回归主业，提升精细化管理水平，达到建设书香北京的目标。2021 年北京市实体书店扶持项目支持了 272 家实体书店。其中，148 家书店获得房租补贴，99 家书店给予示范书店奖励，10 家书店给予转型升级奖励，鼓励 14 家书店"进高校、进商场、进园区"，对 142 家书店组织开展的 2151 场阅读及相关

---

① 《打造"博物馆之城"！"十四五"期间推进北京 6 处博物馆建设》，《北京日报》2022 年 3 月 3 日。

文化活动给予补贴。① 在形态和经营模式上，北京地区还出现了"馆店结合""厂店结合"以及"书店＋课堂""书店＋文旅"等特色模式，"书店＋""阅读＋"的经营思路也为群众提供了更丰富的阅读文化体验。

一方面是书店空间的建设，另一方面北京的全民阅读活动有序推进，形成了全民阅读的北京特色。全市 2021 年共统筹举办各类阅读活动 3 万余场，影响和覆盖人群达 2000 万人次以上。其中，包括大兴区打卡红色地标文明实践活动、"大运河阅读行动计划"通州站的举办、密云区的"书香五进"等阅读季特色活动的开展，更是让阅读季活动成为带动区域文化休闲、文化旅游发展的着力点。据中国新闻出版研究院调查统计，2021 年北京市居民阅读总指数、成年居民综合阅读率、未成年人阅读率、数字阅读接触率四大指标均得到稳步提升，继续领跑全国。

四 2021 北京文化休闲八大主题特色

（一）建党百年，红色文化休闲消费成热点

2021 年是中国共产党建党 100 周年。围绕红色文化休闲，北京多措并举推出了一系列红色文化休闲消费新项目。在 2021 年 5 月 19 日中国旅游日，北京市推出十条红色精品旅游线路。在国庆假期期间，红色旅游更是成为新的热门旅游线路，北京中国共产党历史展览馆、北京香山革命纪念馆、国家博物馆、军事博物馆等场馆成为假期热门红色地标。借助《觉醒年代》的热播，北大红楼、长辛店"二七"

---

① 《北京市新闻出版局关于公布 2021 年北京市实体书店扶持项目入选名单的通知》，北京市新闻出版局（北京市版权局）网站，http://www.bjxwcbj.gov.cn/zwxx/tzgg/xwcb/d1597d4cdafe4841be4f78e4797f256d.html。

工人早期革命活动旧址迎来参观高峰。此外，北京首次推出红色旅游地图，结合传统节日推出红色旅游精品线路；组织数百家实体书店开展千余场"红色经典献礼百年"主题活动；依托北京国际图书节、北京书市等品牌活动，组织开展"百家千场""名家大讲堂"等阅读活动。

2021 年，红色也是北京文艺舞台最鲜明的底色，主旋律题材创作演出备受关注。北京文艺院团、演艺机构出品的京剧《李大钊》《许云峰》、话剧《香山之夜》《上甘岭》、歌剧《长征》《党的女儿》、音乐剧《在远方》《新华报童》《速记员》、舞剧《五星出东方》《冼星海》等主旋律作品，在社会效益和市场反馈上都取得了优异的成绩。4 月至 7 月，"庆祝中国共产党成立 100 周年优秀舞台艺术作品展演"以剧场演出和线上演播相结合的方式在全国范围内开展。北京的多家院团、剧场参与其中；2021 年国家图书馆举办以《共产党宣言》为主题的展览，分为"《共产党宣言》的诞生""《共产党宣言》在世界的传播""《共产党宣言》在中国的传播""'画'说《共产党宣言》"四个单元，对珍贵的红色革命历史文献进行展示。

（二）传统文化复兴，国潮休闲再升级

无论是文化产业的发展还是公共文化的建设，传统文化一直是北京的特色，北京的文化休闲活动的发展也很注重传统文化的传承传播和当代国潮的兴起，关注传统文化对青少年文化休闲消费需求的满足。除了博物馆文创的升级、北京民族乐团入驻三里屯消费商圈、老字号和盲盒的跨界合作之外，2021 年 10 月举办的第五届中国戏曲文化周，将戏曲与园林结合，传统文化与青年消费结合；北京市文旅局推出首条京剧文化之旅骑行路线，将京剧文化和骑行健身休闲结合。在数字创意领域，国漫与国潮元素更是层出不穷。2021 年，《新神榜：哪吒重生》《白蛇 2：青蛇劫起》《雄狮少年》等优秀国漫电影代

表作品取得了较高票房。深入挖掘传统文化资源，形成适应新时代需求的创意产品，成为在新一轮国潮热中北京文化产业发展的特色与亮点。

（三）双奥之城，冰雪文化融入市民休闲生活

2022 北京冬奥会的成功举办意味着北京成为世界上首座"双奥之城"，同时对北京的冰雪产业发展、基础设施建设和民生水平提升有巨大的促进作用，也推动了冰雪文化在市民群众中的传播。在冬奥会筹办的过程中，冰雪旅游、体育赛事、教育培训等多领域协同发展，为社会创造了更多的就业和发展机会。北京市紧扣冬奥主题，加快推动京张体育文化旅游带建设，举办北京冰雪文化旅游季，推出 20 多条冰雪主题精品线路和北京冰雪旅游地图，群众性冰雪运动迅速普及，蓬勃开展。

2021 年，北京地区冬奥主题的城市文化活动如火如荼展开。全市共有 16 个冬奥文化广场，分布在 15 个区，每个广场都建有中心舞台，每天都会上演两场文艺演出。冬奥城市文化活动组还提出了打造市民身边的冬奥设施的理念，全市共有包含社区、村、公共图书馆、文化馆、博物馆、剧院等在内的冬奥示范设施 91 个，并同时开展系列活动，如延庆区开展的冬奥英语培训、冬奥儿童手抄报、文化大集等系列活动，方便市民参与。各类演出也积极地融入冬奥元素，如为北京冬奥会谱写的交响组曲《冰雪相约》在中山公园音乐堂奏响，北京儿童艺术剧院以冬奥会吉祥物为原型创排儿童音乐剧《冰墩墩雪容融之冰雪梦》在首都图书馆剧场首演等。

（四）古都建设焕发新活力

北京在历史文化保护中让文物活起来，展现古都建设新风貌。2021 年，北京一轴一城、两园三带、一区一中心建设顺利推进。其

中，中轴线文化建设更是实现了新突破。在古城保护开发的进程中，北京也进一步发挥其文化休闲的功能，制订了"漫步北京"计划，围绕中轴线、大运河文化带、长城文化带、西山永定河文化带推出 200 余条主题游线路。

在中轴线申遗方面，北京出台实施了《北京历史文化名城保护条例》，修订完成《北京中轴线文化遗产保护条例草案（第三次审议稿）》，有力推进北京中轴线申遗保护三年行动计划 48 项重点任务。北京中轴线文化包含城市建筑、商业、文化、名人、历史等多个领域，对于北京文化名片的搭建十分重要。其中，中轴线上已有的故宫、天坛、大运河三处世界文化遗产，更是承担了重要的文化休闲功能。2021 年 12 月 30 日，"一元'中'始——2022 北京中轴线特展"开幕，展览将中轴线与城市遗址公园空间有机结合，向公众传播老城保护的最新理念。2022 年 1 月，北京市文化和旅游局历时三年组织编写的"北京中轴线文化游典"系列丛书正式出版发行，填补了深度探访北京中轴线文化旅游资源类丛书的空白。

在统筹大运河、长城、西山永定河文化带建设方面，北京出台了《北京市大运河国家文化公园建设保护规划》和《长城国家文化公园（北京段）建设保护规划》，以大运河、长城北京段国家文化公园建设为抓手带动三条文化带整体跃升。

（五）环球主题公园与文化服务贸易新格局

推进国家服务业扩大开放综合示范区和中国（北京）自由贸易试验区建设的"两区"建设，是北京打造世界级服务贸易中心城市的发力点。"两区"建设也带动了北京地区文化服务贸易新格局。2021 年北京环球主题公园开园，改变了中国北方地区没有世界级主题乐园的状况，环球主题公园也成为 2021 北京最受关注的文化休闲目的地。环球主题公园吸引客流的主要原因即在于其所包含的巨大的文化 IP

价值而非简单的观光娱乐，同时，作为城市副中心文化旅游功能的重要支撑项目，又是北京最大的服务业外资项目，北京环球主题公园从建设到开园以及后期运营，也是北京扎实推进"两区"建设的直接结果。无论在产品、空间区域发展、文化和旅游的融合还是在文化产业的国际合作上，以环球主题公园为代表的文旅项目和文化产业项目的持续发展都与北京"两区"建设的推进密切相关。

（六）夜间经济成为重要抓手

夜间文化消费是夜间经济的重要组成部分。2021 年 10 月 19 日，文化和旅游部发布了第一批国家级夜间文化和旅游消费集聚区名单，共有 120 个项目成为第一批国家级夜间文化和旅游消费集聚区。北京市共有 6 个项目获批第一批国家级夜间文化和旅游消费聚集区，包括"东城区前门大街""西城区天桥艺术演艺区""朝阳区 798 – 751 艺术街区""朝阳区亮马河风情水岸""海淀区华熙 live·五棵松""密云区古北水镇"。其中包含了休闲观光旅游、演出演艺、美术画展、音乐、教育、历史等多样的文化形式，成为文化休闲的重要抓手。

（七）文教融合，休闲教育娱乐同推进

从群众需求到内容供给，文化艺术机构的美育功能日益突出，文化休闲与青少年教育需求的结合释放，文教融合成为文化休闲的重要内容。博物馆、美术馆和剧场的艺术教育活动成为吸引青少年和家长文化休闲的重要内容。

文教融合的趋势进一步显现。2022 年 2 月，文化和旅游部办公厅、教育部办公厅、国家文物局办公室联合发布《关于利用文化和旅游资源、文物资源提升青少年精神素养的通知》（以下简称《通知》）。《通知》提出创新利用阵地服务资源，丰富文化产品供给；推动优质服务进校园，开展文化进校园系列服务，推动红色旅游资源进校园；推进"文教合作"机制，搭建"文教合作"平台；加强组织保障等。近年来，北京的博物馆、美术馆和剧场除了展览演出外，都发挥并拓展了丰富的美育功能，成为家庭亲子文化休闲的重要内容。如798艺术区多元的艺术供给，"798 Youngdays园游会"等主题活动丰富了亲子活动，让更多家庭爱上艺术，辐射美育推广。天桥艺术中心的"周末艺聚"品牌活动，通过公益性的艺术教育活动，让剧院亲近市民。

（八）沉浸式体验与剧本杀火爆年轻群体

文化休闲服务设施从建设到运营不断完善。通过艺术与空间的创新融合，改变原有的文化艺术生产者和消费者的关系，通过场景营造、技术的应用，增强文化消费者的体验感和代入感，是文化休闲发展的新趋势。2021年，北京地区涌现出一大批以沉浸式演艺、沉浸式展览为代表的沉浸式休闲项目，成为新的消费增长点。如《遇见敦煌》光影艺术展用48台高清投影打造了一座全沉浸式光影世界，再现敦煌石窟文化的艺术魅力。在世界公园举办的"五洲奇妙夜"国际水景巨秀，以数字电音、光影舞美的形式，沉浸式展示异域热舞与水秀，吸引了众多年轻群体参与。开心麻花出品的系列沉浸式戏剧和"演艺＋酒吧""演艺＋餐厅"的商业空间的打造，为青年群体提供了新的观剧体验和文化休闲选择。

在各种文化娱乐新业态中，剧本杀、密室逃脱等新型场馆体验游戏成为青年群体社交活动的重要选择。目前，上海、武汉、北京的门店数量位居前三。北京的剧本杀主要集中在朝阳和海淀两个区域，并且发展出了集平台和综艺支撑的产业业态，具有较为明显的产业溢出效应。

五 挑战及问题

一是高质量的文化休闲产品供给依然不足。文化休闲产品存在同质化现象,产品品质有待提升,业态创新性不足,缺乏有代表性的原创文化艺术产品和文化休闲项目。

二是文化设施运营能效不足。虽然北京的公共文化服务设施覆盖率已经达到比较高的水平,但在实际使用中存在使用率不高、服务能效不足、文化资源配套不够精准、宣传推广不足等问题,不能有效地发掘周围群众的文化休闲需求并给予满足。

三是文化休闲产品高质量供给的制度保障不够成熟。随着文化休闲越来越深地融入日常生活,文化休闲的场景也会日趋多元。多元化的空间文化休闲场景建设,需要政策引导和配套制度的创新。现阶段,针对不断涌现的艺术新业态、新空间开展的文化艺术休闲活动政策支持还有待加强。在疫情突变反复的情况下,文化休闲空间、项目的治理运营难度也不断升级,行业应急治理体系需要进一步完善。

四是数字文化产品的文化属性和价值需进一步强化。数字创意产品和文化的结合很多还停留在初级产品阶段,文化挖掘不够、文化体验感不足、商业模式不清晰。以元宇宙为代表的数字创意休闲项目在产品形态上还处于探索期。

六 对策

一是进一步强化文化艺术机构对文化休闲的认知。作为汇聚国内最多文化艺术资源的城市,北京的文化艺术机构需进一步认知文化艺术生产与消费的关系以及其社会效益和经济效益实现与人民群众休闲需求之间的关系,在此基础上明确机构的文化休闲功能的定位;关注、发掘并满足人民群众真实的文化休闲需求，并以此为切入点进行机构定位和产品、业务的拓展。其中，特别需要关注把握分析疫情后群众的休闲方式、趋势的变化，以消费中心城市建设为契机，提供高质量、体验创新以及针对不同受众需求的文化休闲产品和服务。

二是提升文化艺术机构、公共文化空间运营的创新意识、资源整合能力、服务意识和合作意识。文化休闲、文旅融合对文化艺术机构的运营管理提出了新的要求。特别是最紧密联结市民的基层公共文化机构运营。从产品来说，北京地区文化休闲的发展在资源上需要进一步结合古都文化、京味文化、红色文化的资源挖掘和产品打造，强化资源转换意识和产品创新意识，突出文化特色并丰富体验。对空间机构的运营来说，要有创新跨界的思维和资源整合能力。针对不断兴起的文化休闲需求，在运营上的合作模式创新能为文化休闲扩容提质增效。同时，作为文化休闲产品的供给方，文化艺术机构也需要不断强化服务意识，使其更加贴近群众需求。在产品服务提升的基础上，作为内容供给的文化机构与渠道、平台属性的旅游机构、互联网机构的合作需进一步加强，拓展文化艺术产品的受众。

三是通过制度创新和模式创新，形成可持续发展的制度保障。以文化艺术新空间为特色或者是传统文化空间的创新运营，从演艺新业态到以演艺为特色的新空间，既需要文化艺术机构的认知转变，也需要政府在相关政策上的引导和制度上的创新设计，从政策设计到运营逻辑上为文化休闲产品的可持续运营提供保障。

四是强化现有文化机构专业运营人才的培养。一方面，鼓励、吸引更多社会力量进入参与公共文化服务，壮大和发展公共文化服务供给主体，鼓励其向专业化运营方向发展。通过市场手段促进专业化机构的发展，实现文化休闲产品供给的提质增效。另一方面，北京地区的古建活化、文化产业园区运营、老旧商圈改造、社区文化空间运营需要更多专业的、复合型的且具有创新意识的文化空间运营人才，需要行业同高校紧密合作，深入推进行业从业者的再培训和相关人才的培养。

五是探索文化与科技的融合向更深层次发展。数字技术在文化领域运用的进一步成熟、5G 网络的进一步发展、线上新业态的不断涌现和推广、元宇宙的出现，给文化产业带来了文化与科技融合的新思路和新可能，同时也为数字化的文化休闲活动提供了丰富的产品和场景。现阶段无论是文化与科技结合的沉浸式体验、游戏的发展，还是文化数字衍生品的出现，都需在文化资源的挖掘和数字化转换上进一步强化。

3　北京旅游休闲发展报告

张胜男 *

摘　要　　北京各城区景区景点旅游休闲分布表现了区域社会经济文化特征，为北京游客、中外游客提供了丰富的具有内涵的旅游资源要素和创意体验场景。通过分析北京景区景点旅游休闲业态的地域性、文化性、动态性、综合性和创意性特征，探索基于环境因地制宜、基于文化精准定位、基于政策业态创新的北京景区业态发展趋势。针对部分景区目前存在的过于强调现代科技而忽视真实性内核，过于追求艺术呈现而脱离原真性表达这两方面的问题，提出重点发展对策：其一，提升休闲服务内涵，实现参与性体验；其二，挖掘主客互动模式，融入目的地生活；其三，基于城乡交融的民宿主人文化传承，进而探索旅游者参与目的地艺术、文化、历史等动态活动的模式，及与目的地居民深度交融互动的途径。进而获得持续的社会效益、经济效益和文化效应，实现北京旅游休闲的科学可持续发展。

关键词　　旅游休闲　景区景点　创意体验　可持续发展

*　张胜男，首都师范大学资源环境与旅游学院教授，研究方向为文化旅游、创意旅游。

　　新时代广大民众不仅关注生活水平及消费方式的提升，更关注精神文化领域的参与和创新活动。北京景区景点的旅游休闲体现新的特征和发展态势。新兴产业的兴起，在带给民众旅游方式多样化选择的同时，更带给民众更多的文化空间。发展北京旅游休闲是满足游客日益增长的文化需求，保留文化原真性的有效途径。

一　北京景区景点旅游休闲空间分布

　　北京各城区景点旅游休闲分布与区域社会经济文化特征相吻合。其中，自然风景区分布最多，为 68 个；城市休闲 42 个，公园 36 个，同时还分布遗产古迹、文化体验、博物馆、寺院、传统手工艺、奥运公园、革命圣地、酒庄、工业旅游等多个业态形式。

（一）北京 A 级旅游景区地域分布概括

　　从 A、2A、3A、4A、5A 级景区的地域分布特征及 A 级旅游景区类别分布可知，北京的 5A 级景区中，故宫博物院（东城区）、天坛公园（东城区）、恭王府（西城区）等历史文化景区与城市休闲景区主要集中在东城区和西城区等城市核心区域；颐和园（海淀区）、圆明园遗址公园（海淀区）、北京市奥林匹克公园（朝阳区）、十三陵（昌平区）、八达岭长城风景名胜区（延庆区）、慕田峪长城（怀柔区）等长城、文化公园、奥运公园等则分布在周边城区。而从 A 级到 5A 级景区的整个空间分布而言，包含了自然风景区、城市休闲、公园、遗产古迹、文化体验、博物馆、寺院、革命圣地、酒庄、休闲农场、传统手工艺、工业旅游等诸多景区的内容。自然风景区、城市休闲和公园排名前三，所占数量最多（见图 3-1）。

　　由此可见，北京旅游景区基于社会、环境、历史等地域分布，表现出多状态多功能的综合性特征，为北京游客、全国游客和世界游客

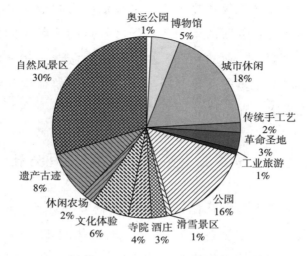

图 3-1　北京 A 级旅游景区类别分布

资料来源：作者根据网站景区信息汇总。

提供了丰富又富有内涵的旅游资源要素和创意体验场景。正如邹统钎所认为的，具有独特地方特色与精神的文化始终是对旅游者最有吸引力的旅游元素和创意元素，原汁原味才能使得旅游业可持续发展。[①]

（二）代表性旅游休闲景区

1. 城市休闲

大栅栏。大栅栏是国家第六批文物保护单位，位于天安门广场以南，前门大街西侧，从东口至西口全长 275 米，是北京市前门外一条著名的商业街，地处老北京中心地段，是中轴线的重要组成部分。自 1420 年（明朝永乐十八年）以来，经过 500 多年逐渐发展为店铺林立的商业街。在大栅栏分布着 11 个行业的 36 家商店，现在经过整体改造工程已经复原民国初期风貌。清雅的青砖路面，古香古色的建筑店铺，"老北京"流传着的老字号都汇集在大栅栏这块"风水宝地"，

---

① 邹统钎：《创意旅游经典案例》，南开大学出版社，2011。

买鞋内联升、买帽马聚源、小吃青云阁、买布瑞蚨祥、买表亨得利、买茶张一元、买咸菜要去六必居、买点心还得正明斋、立体电影只有大观楼、针头线脑最好长和厚。清朝时期平民百姓不得进入内城，大栅栏成为具有大众化特征的商业聚集地。

南新仓。南新仓位于平安大街"龙头"（东城区东四十条 22 号），以文化创意为特征，"新的在旧的中，时尚在历史中"，街区占地面积 2.6 万平方米，建筑面积 3.2 万平方米，步行街总长千余米。30 余家商户包括文化、休闲等业态，不仅有艺术画廊、会所，还有中外特色风味餐厅、酒吧和茶苑等，包含艺术文化、演出文化、美食文化等内容。特别是"皇家粮仓"上演昆曲《牡丹亭》，具有 600 年历史的非物质文化遗产成为文化休闲旅游的热点。

南新仓使历史文化遗产与街区建设发展有机融合，按照人与自然和谐、人与遗产和谐、环境与遗产和谐、传统与现代和谐的理念，使文物保护与特色街商业运作有机结合、均衡发展、和谐共生。

2. 传统手工艺

北京陶瓷艺术馆。北京陶瓷艺术馆是以艺术传播和文化推广为核心的大型艺术机构，场馆面积 3500 平方米，旨在打造艺术交流平台，包括陶瓷博物馆、综合展览馆、陶瓷生活馆、陶艺体验中心、陶瓷原创馆、闽龙书院、多功能厅等多个展馆区域。主办古今中外陶瓷及相关艺术品的文化活动，包括收藏、研究、展览陈列、销售、国学传播等；特别是立足艺术场域，以举办展览、提供互动平台的形式，实现较广泛的陶瓷及多种形式的艺术文化交流。

中华石雕艺术园。中华石雕艺术园位于北京市房山区大石窝镇，总面积 75 亩，总投资 4500 万元。整个园区集观光、旅游、服务、接待、会议、娱乐于一体，既可供游人观光、娱乐，又可展示传统精美的石雕艺术。国家 4A 级景区云居寺就坐落在园区北边的白带山谷之中，是具有区域特色的观光、采摘、休闲之所，每年可接待游客 500

万人次。房山是石文化的故乡，是出名的石雕艺术文化之乡和优质石材的产地，为北京城的建设提供了大量的石材，堪称北京之基、故宫之基。房山大石窝以其独产物——汉白玉名扬中外，汉白玉被国家编制为石材 001 号，堪称"国宝一号"，早在 605 年隋朝大业时期，大石窝汉白玉就被云居寺用来雕刻石经，历经隋唐辽金元明六个朝代，所用石料达 1000 多万吨；故宫、天安门前金水桥、颐和园、天坛、卢沟桥、十三陵等宏伟建筑所有汉白玉石料都取自大石窝；人民大会堂抱柱石、人民英雄纪念碑浮雕、毛主席纪念堂以及近年落成的中华世纪坛题字碑等所采用的汉白玉石材均取自大石窝；另外，大石窝的石材还走出国门，远渡重洋，在异国他乡大放异彩，日本北海道的天华园、新加坡御华园、加拿大枫华园等工程均有出自大石窝的石材。

3. 革命圣地

焦庄户地道战遗址纪念馆。纪念馆始建于 1964 年秋，定名为"焦庄户民兵斗争史陈列室"。顺义区人民政府于 1947 年 10 月授予焦庄户"人民第一堡垒"锦旗，1979 年北京市政府决定为市级重点文物保护单位，并改名为"北京焦庄户地道战遗址纪念馆"。焦庄户村在战争年代隶属于冀东抗日根据地领导，是通往平西、平北根据地的必经之路。

宋庆龄故居。中华人民共和国名誉主席宋庆龄同志故居，位于西城区后海北沿 46 号。宋庆龄故居是展现中国古代建筑艺术及中国近现代史的旅游景点，国家 3A 级旅游景点、全国重点文物保护单位、中央国家机关思想教育基地、北京市青少年爱国主义教育基地、首都文明旅游景区。庭院具有 300 多年历史，曾是清代明珠宅邸、和珅别院、成亲王府以及末代皇帝溥仪的父亲醇亲王载沣的府邸花园，称醇亲王府或摄政王府花园，包括听雨屋、畅襟斋、南楼、恩波亭、长廊等古建景观。

4. 休闲公园

地坛公园。地坛是仅次于天坛的北京第二大坛，始建于 1530 年，是明清两朝帝王祭祀"皇地祇"神的场所，也是我国现存最大的祭地之坛，为全国文物保护单位。公园占地 37.4 公顷，草坪面积 14.52 万平方米，绿化覆盖率达 78.8%，园内多古树，古树群落已成为公园的一道独特景观，还有方泽坛、皇祇室、宰牲亭、斋宫、神库等古建筑景观。

日坛公园。日坛公园是位于北京朝阳门外东南的明至清时期古建筑。原为明清两代帝王祭祀大明之神"太阳"的处所。新中国成立以后，北京市人民政府决定将日坛扩建开辟为公园。

颐和园。其前身为清漪园，始建于清乾隆十五年（1750 年），坐落在北京西郊，与承德避暑山庄、拙政园、留园并称为中国四大名园，被誉为"皇家园林博物馆"，体现了中国人民的智慧和创造。

5. 滑雪场

北京石京龙滑雪场于 1999 年建成，位于国家生态环境示范区——北京夏都延庆，距北京市区 80 公里，是北京周边地区规模大、设备设施齐全、全国较早采用人工造雪的滑雪场。石京龙滑雪场占地 600 亩，10 条雪道包含 1 条高级道、4 条中级道、4 条初级道和 1 条残疾人专属无障碍雪道，另外还设有道具公园、儿童戏雪乐园和树林野雪区，能够让不同水平的滑雪爱好者都能在此找寻到这项高雅的户外运动带给人们的乐趣。

6. 酒庄

北京龙徽葡萄酒博物馆是首家葡萄酒博物馆，是北京市唯一一家讲述北京葡萄酒百年文化及历史发展的葡萄酒博物馆，是北京市工业旅游示范点之一。

北京莱恩堡国际酒庄位于华北平原与太行山交界地带的北京房山产区，正处于北纬 40 度左右的"酿酒葡萄种植黄金线"上，温带大陆性气候及独特的山前小气候适宜酿酒葡萄生长。优越的地理位置和优美的自然环境，拥有多项成熟的娱乐功能，集酒庄体验、餐饮、家庭聚会、团队建设、会员活动、草坪婚礼、影视拍摄等多种功能于一体，以美景美食和美酒为承载，让来到莱恩堡的人在自然中享受快乐和安心。

7. 寺院

潭柘寺位于北京市门头沟区潭柘寺镇，因寺后有龙潭、山上有柘树而得名，是北京郊区较大的一处寺庙古建筑群。寺庙规模宏大，寺内占地 2.5 公顷，寺外占地 11.2 公顷，再加上周围由潭柘寺所管辖的森林和山场，总面积达 121 公顷以上。寺院坐北朝南，依山而建，错落有致，现有房舍 943 间，其中古建殿堂 638 间，建筑保持着明清时期的风貌。

8. 文化体验

老舍茶馆建于 1988 年，陈设古朴典雅，京味十足。大厅内整齐排列的八仙桌、靠背椅，屋顶悬挂的宫灯，柜台上展有龙井、乌龙等各种名茶的标牌，以及墙壁上悬挂的书画楹联，有如一座老北京的民俗博物馆。在老舍茶馆可以欣赏到曲艺、戏剧名流的精彩表演，同时品用茗茶、宫廷细点和应季北京风味小吃。老舍茶馆开业以来接待了很多中外名人，享有很高的声誉。

9. 休闲农场

北京意大利农场整体以意大利乡村风格为基调，所有房间均为复式结构并配有壁炉。农场内还提供专业的意大利美食，每周根据菜园的收成制定新鲜的菜单。农场内的园林、建筑都由意大利设计师设计并监督建设，园林、建筑风格体现意大利风情和有机生态种植示范。农场集住宿、餐饮、采摘、垂钓及农业观光于一体。

10. 遗产古迹

恭王府是国家重点文物保护单位，为清代规模比较大的一座王府，占地约 6 万平方米，分为府邸和花园两部分，拥有各式建筑群落 30 多处，布局讲究。恭王府腾退修缮工作历时 28 年完成，使之成为对公众开放的清代王府。恭王府历经了清王朝由鼎盛而至衰亡的历史进程，承载了丰富的历史文化信息，故有"一座恭王府，半部清代史"之说。

11. 自然风景区

中国最大的山地野生动物园——北京八达岭野生动物世界是一家依山而建的大型自然生态公园，占地面积 6000 亩，它位于举世闻名的八达岭长城脚下，紧邻八达岭高速公路，从市区乘车仅需 40 分钟，交通便利。动物园拥有百余种近万头野生动物，是集动物观赏、救助繁育、休闲度假、科普教育、公益环保于一体的生态旅游公园。

二 北京景区景点旅游休闲主要业态形式

（一）景区业态特征

1. 地域性特征

北京各区所分布的景区业态与文化历史、区域经济发展水平等因素密切相关。城市休闲、文化古迹等景区多集中在北京城市核心地区，具有老北京的故都特征，也有现代国际化的特征，比如拥有浓郁北京特色的大栅栏商业街、北海公园及 798 艺术区等。

2. 文化性特征

游客有主动了解地区历史文化遗产的需求[1]，而参加严肃休闲活动的游客就是为了学习知识技能和追求发展[2]。通过休闲活动，参与

---

[1] Ellis A., Park E., Kim S. and Yeoman I., "What is Food Tourism?" *Tourism Management*, 2018, 68: 250 – 263.

[2] Stebbins R. A., *Serious Leisure: A Perspective for Our Time* (2nd ed), Aldine Transaction, Piscataway, NJ, 2007: 5.

者在与其他参与者建立社会关系的同时，也培养了对服务环境美学的鉴赏力，[①] 在消费过程中更加活跃和主动[②]。因此，通过游客参与严肃休闲的欲望水平可预测其参与共同创造的程度。[③] 北京作为国际化的历史文化名城，彰显北京 800 年建都史的文化底蕴。即使是休闲的北海公园、红色的革命纪念馆等都具有明显的文化特征。

3. 动态性特征

首都北京的各类各级景区都处于不断变化之中。改革开放初期，北京的景区主要局限于旅游的"吃、住、行、游、购、娱"六要素需求；后来，业态内容日益丰富，旅游六要素向深度拓展，发展为沉浸式餐厅、精品酒店、深度旅行和基于游客与目的地互动的新兴旅游方式。

4. 综合性特征

景区发展呈现出新旧交替与交融的状态，不仅关注游客的基本需求，更是关注完整体现目的地居民的生活方式，满足多方利益群体的多元化需求，进而带来旅游业功能的转型。

5. 创意性特征

差异化和特色化是旅游业发展的核心竞争力，景区业态创新要具有令游客印象深刻的主题 IP 和独树一帜的景区形象。特别是与目的地文化的情感互动，是推动景区传统业态转型升级、解决业态同质化问题的重要途径，对于提升品牌竞争力、增强游客吸引力、增加社会效益等方面都具有重要意义。

---

① Curran R. , Baxter I. W. F. , Collinson E. , Gannon M. J. and Yalinay O. , "The Traditional Marketplace: Serious Leisure and Recommending Authentic Travel," *The Service Industries Journal*, Vol. 2018, 38 (15/16): 1116 – 1132.

② Walter P. , "Culinary Tourism as Living History: Staging, Tourist Performance and Perceptions of Authenticity in a Thai Cooking School," *Journal of Heritage Tourism*, 2017, 12 (4): 365 – 379.

③ Grissemann U. S. and Stokburger – Sauer N. E. , "Customer Co – creation of Travel Services: the Role of Company Support and Customer Satisfaction with the Co – creation Performance," *Tourism Management*, 2012, 33 (6): 1483 – 1492.

（二）景区业态发展趋势

1. 基于环境因地制宜

比如山地型景区依托自然资源，古树、山峰、湖水等自然风光弥补场地空间限制，进行业态创新，游客能够多角度、深层次体验景区自然风光。

2. 基于文化精准定位

在寻求文化城市的品牌和形象时，旅游利益相关者应重点考虑形象和品牌对当地居民的影响。东道国社区需要拥有自己的身份和历史，文化身份才能成为有效的无形资产。[①] 北京的景区承载了丰富的地域文化和民俗文化，挖掘文化内涵，创新表达方式，让游客在参与非遗创作的过程中与景区深度互动。

3. 基于政策业态创新

宽松、完善、包容的政策是业态创新的根本保障。比如，政府支持绿色乡村产业的发展，杜绝低俗业态产品。通过吸引资本、人才、技术、信息、文化进行业态创新，带动相关产业的发展。

三 北京景区景点旅游休闲存在的问题与解决的对策

（一）存在的问题

1. 过于强调现代科技而忽视真实性内核

科技是业态创新的重要驱动力，但大数据、人工智能等新技术带来了景区发展的新局势，但同时也应该与传统景区的真实性相吻合，赋予新奇、个性、多样化的旅游体验。存在过度渲染科技的融入效

---

① Walker M., "Cities As Creative Spaces for Cultural Tourism: A Plea for the Consideration of History," *Revista de Turismo y Patrimonio Cultural*, 2010, 8 (3): 17 – 26.

应，在虚拟与现实结合的同时，也带来了一些负面影响。未来发展方向应该基于区域真实的空间和环境，科技作为辅助手段来实现景区的真实性，而非脱离真实性。

2. 过于追求艺术呈现而脱离原真性表达

从 2005 年到 2021 年北京农业观光园和乡村民俗旅游的游客人次的发展变化来看，并没有呈现出理想的发展状态（见图 3-2）。

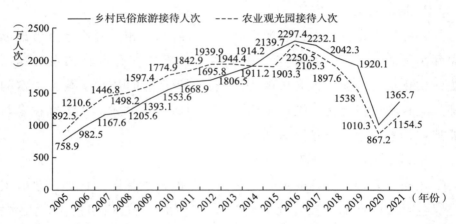

图 3-2　2005~2021 年北京农业观光园和乡村民俗旅游接待游客人次

资料来源：《北京统计年鉴》（2005~2021 年）。

由图 3-2 可以看出，2014 年前，农业观光园的游客比乡村民俗旅游的游客数量多；但 2014 年后，乡村民俗旅游的接待游客略多于农业观光园游客，且农业观光园的游览人次变化趋势与乡村民俗旅游大致相同，主要表现在，其一，2005~2013 年，二者都经历了2005~2007 年的大幅增长，其中农业观光园由 892.5 万人次发展至 2007 年的 1446.8 万人次，乡村民俗旅游由 758.9 万人次发展至 1167.6 万人次；其二，二者在 2008~2016 年共同经历了缓慢小幅上升之后，在2016~2019 年迅速下滑至 5 年前的发展水平甚至更低；其三，在2020 年疫情之后，2021 年乡村民俗旅游和农业观光旅游都表现出不同程度的增长态势。

之所以出现 2005～2021 年北京乡村民俗旅游和农业观光园接待游客人次较少的态势（即使没有 2020 年新冠疫情的冲击，农业观光园和乡村民俗旅游的旅游市场情况也表现出不容乐观的情况），主要原因在于没能凸显乡村的生活环境，也没能深度挖掘乡村文化的内涵，以及基于乡村地域特征的主客互动。疫情后民众更加珍视乡村拥有的优势及游客对于健康的重点关注，因而高于农业观光、乡村民俗之上的基于深度体验和参与创意活动是未来的发展趋势（图 3 - 3）。

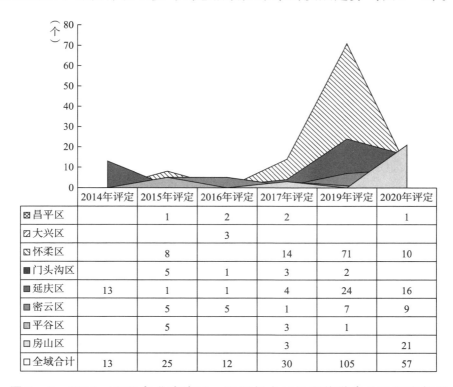

	2014年评定	2015年评定	2016年评定	2017年评定	2019年评定	2020年评定
⊠昌平区		1	2	2		1
▨大兴区			3			
⊟怀柔区		8		14	71	10
■门头沟区		5	1	3	2	
▤延庆区	13	1	1	4	24	16
▦密云区		5	5	1	7	9
▥平谷区		5		3	1	
▢房山区				3		21
☐全域合计	13	25	12	30	105	57

图 3 - 3　2014～2020 年北京市四、五星级乡村民俗旅游户分区评定数量

资料来源：北京市文化和旅游局网站。

目前北京市四、五星级民俗旅游户中，怀柔区占比最大，其次是延庆区、密云区等。2014 年仅有延庆区的 13 个民俗旅游户被评定为四、五星级；而在 2015 年时，怀柔区、门头沟区、密云区、平谷区等新增星级民俗户均在 5 个及以上，昌平区、和延庆区也分别新增 1 个；在 2017 年和 2019 年怀柔区的民俗旅游户增长均排名第一，可以看出怀柔区民俗旅游潜力巨大；延庆区在经历 2014 年的初步评审为数量第一，在 2015～2017 年间新增 6 个并无太大变化，但延庆区在 2019 年和 2020 年分别被评选上 24 个和 16 个，冬奥会场促进了延庆地区民俗旅游的发展。冬奥民俗村的建立，同时促进了延庆区四、五星级民俗旅游户的标准化发展。

2014～2020 年，北京地区四、五星级民俗旅游户的发展表现出明显的区域性特征，尤其是 2017～2019 年，怀柔区和延庆区的四、五星级民俗旅游户增长数倍之多；昌平区表现出较为平稳的发展态势；房山区 2020 年这一年增长较快，满足房山区乡村旅游和提升地区经济的发展需要。大兴区最少，只有 3 个四、五星级民俗旅游户，民俗旅游资源有待进一步挖掘和补充。

北京城乡的景区景点蕴含着丰富的地方文化、地域民俗、历史典故等，原真的文化自信长期以来符合民众追求和消费心理。但过于追求渲染的实景式演艺形式不一定符合民众的心理需求和认知，从而也难以展示真实的中国文化，真正的高雅艺术应该与大众审美相吻合。

（二）解决的对策

1. 提升休闲服务内涵，实现参与性体验

经过体验经济的发展时代，已经日渐进入创意旅游时代。旅游目的地的旅游利益相关者努力提升吸引文化旅游者参观的品牌和形象。然而在这一过程中并没有把对于目的地的认知放在首位，因而影响了文化的完整性从而影响了经济的持续发展及社会效益的实现。

创意旅游作为国际上近 30 年发展起来的新兴旅游形式，经历了大众旅游、文化旅游的发展，得到了国际学术界的关注并付诸

实践。① 创意旅游利用当地技能、专长和传统为旅游者提供主动参与实践和学习体验的机会，从而更好地开发创意潜质，② 激发游客怀旧、新奇和代入感，有目的地融入更多的生活元素。

由图 3－4 可知，2017～2019 年游客最多的景区是城市公园型景区、历史文化观光型景区、现代娱乐型景区。但这 3 年间，城市公园型景区由 2017 年的 404.6 万人次下降到 2019 年的 349.9 万人次；历史文化观光型景区则在 2018 年上升至 314.3 万人次之后，2019 年又降至 2017 年同期水平；同样下降的还有自然山水型景区，三年来逐年下降，由 2017 年的 35.2 万人次下降至 2019 年的 23.6 万人次；奥运遗产型景区在这期间也缓慢下降。2017～2019 年，现代娱乐型景区有较大增幅，从 2017 年的 198.7 万人次上升至 2019 年的 228.6 万人次；同样上升的还有民俗游和博物馆旅游，民俗游从 2017 年的 93 万人次上升至 2019 年的 113.8 万人次，博物馆旅游则由 2017 年的 28.4 万人次上升至 2019 年的 33.7 万人次；滑雪场景区经历了 2018 年的小幅下降之后又在 2019 年增加到高于 2017 年的水平，游客达到 12.1 万人次。

2022 北京市春节假日游客人次前十景区游客中，占比最高的为前门大街、南锣鼓巷、王府井，分别为 23%、18%、17%；其次是旅游休闲街区，共计占比 22%，其中乐多港假日广场占比 9%、中粮·祥云小镇占比 8%、北京首创奥莱休闲驿站景区占比 5%；玉渊潭公园、北海公园、朝阳公园、天坛公园占比均为 5%。可见，民众对于目

---

① Florida R. , Tinagli I. , *Europe in the Creative Age*, London：DEMOS/Carnegie Mellon University, 2004；Pappalepore I. , *Marketing a Post – modern City*：*A Shift from Tangible to Intangible Advantages*, In G. Richards and J. Wilson（eds）Changing places-the spatial challenge of creativity, Arnhem, Netherlands：ATLAS, 2007；Richards G. , Wilson J. , "Developing Creativity in Tourist Experiences：A Solution to the Serial Reproduction of Culture？" *Tourism Management*, 2006, 27（6）：1209 – 1223.

② Salman D. , Uygur D. , "Creative Tourism and Emotional Labor：An Investigatory Model of Possible Interactions," *International Journal of Culture*, *Tourism and Hospitality Research*, 2010, 4（3）：186 – 197.

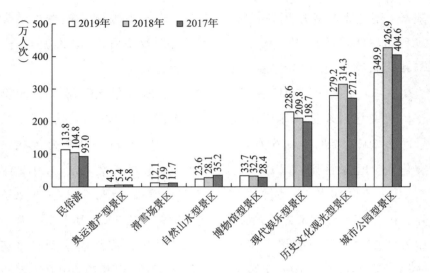

图 3 – 4　2017～2019 年春节假日游览景区游客变化

资料来源：北京市文化和旅游局网站。

的地生活的城市休闲具有越来越多的热情和投入（见图 3 – 5）。

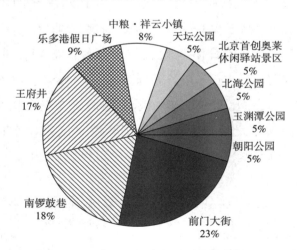

图 3 – 5　2022 年北京市春节假日游客人次前十景区

资料来源：北京市文化和旅游局网站。

基于此，突破沉浸式体验，增强游客与目的地居民的互动，还原目的地真实的场景和内容成为未来发展的主要趋势。全球文化旅游发展曾呈现出繁荣趋势，舒适的服务环境能够刺激感知和提升服务质量，提升学习的情感和想象力，进而服务质量成为参与者评估学习认知程度的重要因素。[①] 北京作为具有悠久历史和文化的历史文化古都，亟须基于现代城市文明与厚重文化底蕴相结合的地域优势，实现民众的深度参与。

2. 挖掘主客互动模式，融入目的地生活

参加具有体验特征的娱乐活动能够为游客带来非凡的乐趣，[②] 而活动所处的物理环境对感知体验价值的感官维度具有吸引力。新颖、干净且吸引顾客感官的物理环境，将产生重要价值。[③]

探求目的地居民的生活追求，在主人与游客的深度交互中，传递当地的文化符号和技能技术。探索旅游者参与艺术、文化、历史等动态活动的模式，及与目的地居民深度互动的方式，在个性化设计及服务体验中增强主客关系，进而获得持续的社会效益、经济效益和文化效应。

2019 年和 2021 年，前门大街景区、王府井、南锣鼓巷游览人次居于前三位；王府井在疫情前后变化不大，2019 年和 2021 年分别为119.8 万和 110 万人次；前门大街景区变化较大，由 178.5 万人次下降至 93.7 万人次（见图 3－6）。

特别值得关注的是，2017 年跌出 2021 年游览前十景区的有北京世园会、大运河森林公园、故宫博物院、八达岭长城，尽管部分原

---

① Kokkos A., "Transformative Learning Through AAesthetic Experience: Towards a Comprehensive Method," *Journal of Transformative Education*, 2010, 8 (3): 155 – 177.

② Taheri B., Jafari A. and O'Gorman K., "Keeping Your Audience: Presenting a Visitor Engagementscale," *Tourism Management*, 2014, 42: 321 – 329.

③ Adongo C. A., Anuga S. W. and Dayour F., "Will They Tell Others to Taste? International Tourists' Experience of Ghanaian Cuisines," *Tourism Management Perspectives*, 2015, 15: 57 – 64.

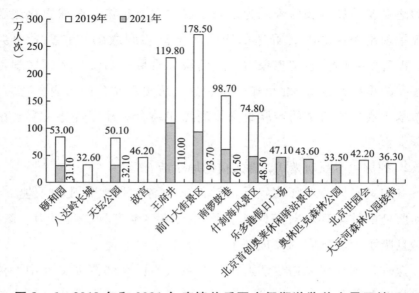

图 3 - 6　2019 年和 2021 年疫情前后国庆假期游览前十景区情况

资料来源：北京市文化和旅游局网站。

因是疫情影响外来游客减少，但同时也体现了疫情防控常态化背景下，北京民众对于旅游休闲街区日益增长的偏好。恰恰也是 2021 年国庆节，新进入接待游客前十的景区有乐多港假日广场、北京首创奥莱休闲驿站景区、奥林匹克森林公园，分别为 47.1 万、43.6 万、33.5 万人次，其中乐多港假日广场、北京首创奥莱休闲驿站景区被定为 2021 北京市级旅游休闲街区。可见，近 5 年间旅游休闲街区发展趋势良好。

2018～2021 年，北京景区排名发生较大变化，主要表现为王府井、乐多港假日广场等民众生活场所的排名向前跃进。北京景区旅游人次排名变化比较大的是乐多港假日广场，2018 年开园时是旅游景区第 10 的位置，到 2021 年乐多港假日广场旅游人数排名跃升至前五，王府井在 2018 年并未进入前十景区，在 2019 年和 2021 年分别升至第二位和第一位（见图 3 - 7）。

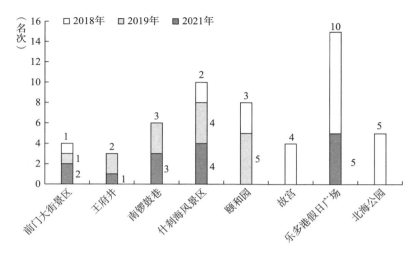

图 3 - 7　2018 年、2019 年、2021 年国庆节旅游人数前五景区排名

资料来源：北京市文化和旅游局网站。

文化水平较高的游客拥有更高的自我效能、胜任能力和管理能力，从而表现出参与角色创造的能力和共同创造体验的能力，因而文化知识水平直接影响参与度。[①] 在 2020 年后，景区排名发生较大变化，从 2017～2018 年春节倾向于故宫博物院、什刹海风景区等历史文化型景区，转变为 2022 年春节倾向于游览前门大街、王府井、南锣鼓巷等生活型景区。

3. 基于城乡交融的民宿主人文化传承

主人文化是民宿的灵魂。游客选择下榻民宿是融入当地的最佳捷径，开发民宿产品要与家庭生活氛围融合，打造个性化的民宿产品。比如，北京市斋堂镇爨底下村的建筑经过修缮后添加了本地的特色元素，进而发展为有特色的民宿。

其一，区域环境和文化特征是民宿个性化设计的前提。民宿需要

[①]　Meuter M. L., Bitner M. J., Ostrom A. L. and Brown S. W., "Choosing Among Alternative Service Delivery Modes: An Investigation of Customer Trial of Self - service Technologies," *Journal of Marketing*, 2015, 69（2）: 61 - 83.

园艺家、艺术家、建筑师、运动教练等诸多专业人士和民宿主人进行精心规划，保护当地文化的整体性。民宿不仅体现在基于地域文化的装饰豪华、布置高级的建筑文化设计风格，体现在展现建筑外观、内部装饰、设施设备等方面的独特性和完整性，而且还体现在游客寻求真实性而非奢华的、沉浸式而非庸俗的与众不同的创意体验。

其二，增强游客及目的地居民的参与度是旅游业面临的突出问题。游客参与主人的生活，是实现主人与客人的互动、提升客人参与度的可行方案。游客已经不仅仅满足于"买回家去"，而是渴望可以亲身体验其制作过程。比如，游客参与具有当地文化特色的民宿主人土法织布、风筝制作、剪纸、绘画、特色烹饪等各式各样的手工活动和艺术创作，民宿主人带给顾客的生活体验，游客在自己动手操作中了解和学习了非遗传承技艺。Scott 认为，参与者通过烹饪课程中丰富有趣的充实的体验活动，能够学习知识和发展技能，这一关于严肃休闲的全新消费理论具有里程碑作用。[①] 而且，严肃休闲旅游不仅能够促进味觉的提升（如食物）、专业知识的获取（如烹饪知识），同时有助于特定技能（如烹饪）的培养。Taheri 等学者进一步指出，严肃休闲更加关注参与、互动、学习等特征，特别是酒店及旅游业的参与活动成为实现严肃休闲的强有力工具。[②] 客人不仅能够在此过程中学习知识和技艺，具有相同兴趣爱好的主客成为长久的朋友，增进了主人与客人间的情感交融，而且能够增强客人对民宿所在地域文化的认知。传承与众不同的文化产品，开发创意旅游产品，游客更希望学习了解北京的当地文化。

其三，挖掘和整合民宿资源。将民宿主人的生活、故事及个人兴

---

① Scott D. , "Serious Leisure and Recreation Specialization: An Uneasy Marriage," *Leisure Sciences*, 2012, 34 (4): 366 – 371.

② Taheri B. , Jafari A. and O'Gorman K. , "Keeping Your Audience: Presenting a Visitor Engagementscale," *Tourism Management*, 2014, 42: 321 – 329.

趣技艺融入民宿服务中，民宿和主人蕴含的故事和展示的文化是民宿更重要的特色。适应旅游业变革与重塑需求，通过不同方式的创新活动，满足游客更有意义的、充实的体验创意愿望。① 有待于进一步探索节日和活动为游客提供学习机会、技能发展和难忘体验的背景知识及深刻内涵，针对特定空间增强游客与目的地居民的交流互动。

在民宿经营中组织民俗节日活动，不仅成为吸引游客的旅游资源，更成为乡村文化的传承符号，进而在民宿中实现从传统到体验的转型。在民宿中所融入的多样体验元素，以此实现环境、社会、经济、文化等综合效益。民宿自身的文化创意和地域文化关联产生历史和故事，而主人的故事则是分享自己的人生。在游客享受休闲体验中，实现民宿运营的科学可持续发展。

---

① Hung W. L., Lee Y. J. and Huang P. H., "Creative Experiences, Memorability and Revisit Intention in Creative Tourism," *Current Issues in Tourism*, 2016, 19 (8): 763 – 770; Remoaldo P., Matos O., Freitas I., Lopes H., Ribeiro V., Gôja R. & Pereira M., *Good and Not-so-good Practices in Creative Tourism Networks and Platforms: An International Review*. In G. Richards & N. Duxbury (eds.), A research agenda for creative tourism. Edward Elgar Publishing, 2019. 167 – 181; Richards G., "Creativity and Tourism," *Annals of Tourism Research*, 2011, 38 (4): 1225 – 1253; Smith M. K., *Issues in cultural tourism studies* (3rd ed.), Routledge: 2016.

4 北京乡村休闲旅游发展报告

赵　晨　陈奕捷*

摘　要	乡村休闲旅游产业是"大城市带动大京郊，大京郊服务大城市"的重要实践，是带动农民就业增收和农村集体经济发展壮大的重要渠道，是推进城乡融合发展的重要载体。2021年，北京市乡村休闲旅游行业在受到"大棚房"问题专项整治和新冠肺炎疫情的冲击后，各项政策、标准密集出台，行业规范化进程明显加快。在庆祝建党百年、举办冬奥盛会、环球影城开业的外溢效应带动下，全行业在疫情间隙迅速复工复产，出现了节假日小热潮，表现出了强大的韧性。本文分析了2021年北京市乡村休闲旅游产业的发展情况和当前产业发展面临的问题与制约因素，结合新时代的历史性转化，提出了落实细节、深挖重点、打造品牌的发展展望。
关键词	休闲农业　乡村旅游　微度假　京郊乡村

乡村休闲旅游产业是提升农业价值链、促进乡村产业兴旺、改善农村人居环境、推动城乡一体化发展、带动农民就地就业增收、拉动

---

* 赵晨，北京观光休闲农业行业协会副秘书长，研究方向为休闲农业与乡村旅游；陈奕捷，北京市农村经济研究中心资源区划处处长、第十二届民盟中央农业委员会委员、中国农业绿色发展研究会理事，研究方向为农业区域发展、休闲农业与乡村旅游。

城乡居民消费的有效途径和重要载体，在乡村振兴战略中扮演着重要的角色。北京市是全国最早发展乡村休闲旅游产业的地区之一。近几年，京郊乡村休闲旅游行业接连遭受"大棚房"问题专项整治和新冠肺炎疫情的冲击，行业规范化进程加快，随着政府扶持、行业自救的持续进行，疫情间隙迅速复工复产，并在节假日出现了小热潮，表现出了强大的韧性。

一 北京乡村旅游步入提质发展新时期

（一）产业规模扩大，提质增效明显

2021 年，在疫情防控常态化背景下，政府和民众都更加注重健康和安全，市民出游方式以短途游、周边游、区域内"微度假"为主，选择京郊乡村游的游客逐渐增多。北京市统计局数据显示，截至 2021 年末，全市有观光农业园 1009 个，同比增长 9%。这是自 2016 年以来首次实现止跌，并突破千家。全市观光农业园实现总收入 18.45 亿元，同比增长 19%，恢复到 2019 年的近八成（见图 4 - 1），接待人次 1153.38 万，同比上升 33%。

伴随全市休闲农业提质增效，其社会效益更加凸显，在带动农民就业增收、农产品销售等方面效果显著。2021 年，全市休闲农业带动农产品销售收入 10.1 亿元，带动农民就业 3.38 万人；农村居民人均可支配收入 3.33 万元，是 2012 年的 2.16 倍。

2021 年，北京市延庆区、怀柔区获评首批全国休闲农业重点县，其中延庆区得分 100 分荣获全国第一名。门头沟区雁翅镇田庄村、大兴区礼贤镇龙头村、平谷区大华子镇梯子峪村、房山区大石窝镇王家磨村被农业农村部评选为"中国美丽休闲乡村"。怀柔区渤海镇、延庆区八达岭镇、顺义区龙湾屯镇被国家发展改革委、文化和旅游部评

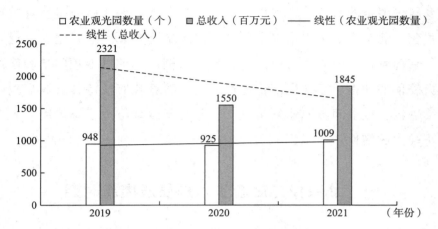

图4-1 2019~2021年北京农业观光园个数和总收入对比

资料来源：北京市统计局。

定为首批全国乡村旅游重点镇，密云区古北口镇司马台村、延庆区旧县镇盆窑村、平谷区金海湖镇将军关村、房山区大石窝镇王家磨村、门头沟区清水镇洪水口村、怀柔区汤河口镇庄户沟门村被评为第三批全国乡村旅游重点村。截至2021年，全市已经有38个村入选全国乡村旅游重点村。

（二）微度假需求旺盛，消费恢复性增长

在2021年疫情防控常态化背景下，北京乡村休闲旅游行业总体正常运行。同时，受出京限制影响，市民出游方式以短途游、周边游、微度假为主，为京郊乡村休闲旅游带来了新的市场机遇。根据北京市统计局发布的数据，2021年，全市休闲农业与乡村旅游总接待量与总收入较2020年有显著增长，年接待2520.2万人次，增长34.2%，实现收入32.6亿元，增长30.4%，分别已恢复到2019年的73%和87%左右（见图4-2）。

随着乡村旅游转型升级，北京乡村休闲旅游消费需求逐步提升。2021年全市乡村休闲旅游游客人均消费148.28元，同比增长9.84%。

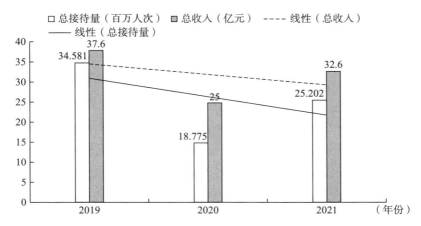

图 4－2 2019～2021 年休闲农业与乡村旅游总接待量和总收入对比

资料来源：北京市统计局。

针对短途游、周边游、微度假的需求，还应进一步完善基础设施建设，提升乡村游的舒适度，加强休闲农业精品线路沿线农村人居环境整治和村容村貌改善。应深化"交旅融合"发展，完善郊区公路沿线旅游标识系统和休憩节点建设，根据各景区景点的特点增加公共交通种类与车次。经营单位应强化管理，灵活使用现有空间，适当增加旺季停车位，以满足更多自驾游客的需求。

（三）大事喜事带动，外溢效应显著

1. 建党百年活动反响热烈，促成北京乡村休闲旅游高峰

在首都开展的建党百年活动反响热烈，市文旅局大力整合京郊红色旅游景点，推出了红色主题旅游线路，涵盖了体验地道战旧址、探秘红色源头、感受革命传统、游历抗日遗迹、唱响红歌诞生地、参观航空博物馆、英雄烈士纪念地缅怀、探寻革命政府旧址等内容，串联起京郊的红色印记。京郊各区也纷纷推出红色旅游主题线路。平谷区推出鱼子山抗日战争纪念馆红色教育一日游。房山区推出涵盖堂上村"没有共产党就没有新中国"纪念馆、平西抗日战争纪念馆等在内的

多条红色旅游主题线路。延庆区推出"迎接建党100周年，重走平北抗战路"红色深度体验游线路。密云区以"学党史，感党恩，踏寻红色之路"为主题，以英雄母亲邓玉芬雕塑主题广场、白乙化烈士纪念馆、云蒙山风景区为主的10条踏青红色旅游线路，涵盖区内重点红色资源，整合周边踏青赏花景点和美食民宿，推出了"重温誓词、唱红色歌曲，品农家粗粮细作的美食"等系列体验项目。"打卡一个红色景点，重温峥嵘革命记忆"成为京郊乡村休闲旅游的一种"主动选择"。叠加暑假的因素，促成了7月京郊游高峰。2021年7月，北京乡村休闲旅游接待量达354.58万人次，占全年的12.92%。

2. 环球影城带动效应明显，京外游客增长迅速

环球度假区拉动周边消费市场效应凸显，北京成为2021年全国热门旅游目的地。在此带动下，京郊乡村休闲旅游的京外游客量增长明显，京外游客量达到1255.56万人次，同比增长40.92%。同时，环球度假区溢出效应凸显，通州区游客量达到88.62万人次，同比增长131.38%。

据报道，北京环球度假区在正式开园后每年游客量将达到1200万人次，后续项目建成预计客流量将上升到每年3500万人次。在充分利用环球度假区的"溢出效应"的各项规划工作中，应充分考虑乡村产业发展的需求，丰富周边乡村休闲旅游产品，补齐乡村休闲旅游供给侧结构短板，满足游客多样化、个性化需求，带动周边农村集体经济发展壮大，促进农民增收。

3. 冬奥推广活动频繁，带动冬季游客增长

京郊各区以助力冬奥会为主题，开启了多条冬季精品旅游线路，开展了丰富多彩的冬季冰雪运动特色活动，加上农村取暖条件的改善，吸引了更多市民。因此，2021年第四季度接待游客同比增长18.96%。

冰雪资源是重要的乡村休闲资源，应以冬奥会为契机，以"体育牵引、文旅赋能、乡村互动"为主旨，大力发展京郊冬季乡村游市场，开拓冬季特色体验产品线，通过冰雪运动、乡村冰雪景观、冬季民俗节庆、乡村特色餐饮配套等丰富多彩的内容吸引更多冰雪爱好者进乡村，将习近平总书记"冰天雪地也是金山银山"的论断转换为现实。

（四）乡村民宿升级，带动休闲经济增长

随着鼓励、规范政策的出台，北京乡村民宿迅速朝着特色化、精品化、规模化方向发展，在为游客提供高品质休闲体验的同时，有效地延长了游客停留时间，刺激了游客消费，推动经济效益提升。2021年北京乡村休闲旅游过夜游客接待量为 509.89 万人次，占北京乡村休闲旅游总旅游人次的 18.58%。

2021 年，除了怀柔、延庆、门头沟等乡村民宿发展比较早的区，平谷区和通州区相继出台民宿发展方案，推出民宿发展措施。平谷区借助举办世界休闲大会的契机，大力推进乡村民宿产业发展。2021年 7 月，区委五届十三次全会提出"抓住供给侧结构性改革契机，探索打造横过来的五星级乡村度假酒店"的目标，在各乡镇掀起了乡村民宿的发展热潮。"桃醉平谷·2021 平谷区首届全国民宿设计大赛"吸引了 26 个省（区、市）43 个城市的参赛设计团队，共为平谷区计划建设改造的 87 个规定标的物带来 283 份原创设计。设计大赛以"宿的形式，民的发展"为理念，通过民宿这种住宿体验，不仅带动民宿主人的发展，而且要带动乡村就业、乡村经济、乡村社会、乡村能力的发展。

2021 年 7 月，通州区制定出台《通州区关于促进乡村民宿发展的实施意见》，明确乡村民宿设立条件、审核流程等，采取联合审核的方式，简化和优化证照办理手续。区级层面成立"通州区乡村民宿发展工作小组"，负责全区乡村民宿发展的宏观指导和政策引导，统筹乡村民宿发展，强化产业布局和品质引领。以环球影城为基点、大

运河为长廊，串联运河商务区、特色小镇、历史遗产传承点、休闲文化体验区，承接环球影城外溢游客资源，通州乡村民宿的发展有望迎来巨变。

（五）旅游助力乡村振兴，涌现北京优秀案例

得益于独特的产业属性，乡村休闲旅游业在促进乡村产业振兴、人才振兴、文化振兴、生态振兴和组织振兴方面有着难以替代的优势。党的十八大以来，首都发展实践已经显现出乡村休闲旅游业在推动乡村振兴中的强大动能，涌现了一批以昌平仙人洞村和密云尖岩村为代表的村集体主导的发展模式，以门头沟洪水口村、密云金叵罗村为代表的"村集体＋农民专业合作社"的发展模式，以延庆姚官岭村、下虎叫村，房山黄山店村，顺义柳庄户村，门头沟梁家庄村为代表的"社会资本＋村集体"主导的发展模式，以怀柔六渡河村为代表的原住民与外来经营者共同主导的发展模式，形成了以农民为主体，以村集体为主导，企业、新农人等多元助力的休闲农业助推乡村振兴发展新格局。

2021年10月，《北京房山区周口店镇黄山店村：精品民宿带动村集体经济发展》《北京门头沟区清水镇梁家庄村："门头沟小院"文旅赋能绿色发展模式》入选《2021世界旅游联盟——旅游助力乡村振兴案例》。房山区周口店镇黄山店村坚持"绿水青山就是金山银山"的发展理念，依托生态资源和历史文化资源优势，将住宿和景点与民俗风情、特色餐饮、农业生产活动结合，将农村乡土气息与现代都市生活融合，形成了以坡峰岭景区为核心，以特色精品民宿为支撑，集亲子、康养、休闲、度假于一体的全域旅游产业格局。门头沟区清水镇梁家庄村坚定践行"两山"理论，走好绿色转型发展之路，将精品民宿作为推动乡村振兴的突破口，持续推进"门头沟小院"绿色发展，全面实现了整村"脱低摘帽"的攻坚目标，打造出首都生态涵养区生态富民、绿色发展的新模式，成为引领门头沟区域旅游发展

的精品民宿新样板。

（六）区域发展不平衡，北高南低局面有望逐步改观

北京市农村经济研究中心对 13 个涉农区的分区年游客量的统计显示，密云区、怀柔区和延庆区接待量排名前三。年接待游客量超过 300 万人次的为密云区（465.69 万人次）、怀柔区（435.29 万人次）、延庆区（389.39 万人次）、平谷区（324.42 万人次），全市占比分别为 16.97%、15.86%、14.19%、11.82%。年接待游客量在 200 万~300 万人次的有昌平区（214.25 万人次），在 100 万~200 万人次的有顺义区、丰台区、门头沟区、大兴区、房山区，不足 100 万人次的有通州区、海淀区、朝阳区。整体来看，全市乡村休闲旅游游客量的空间分布存在明显的差异性，北部燕山区域游客接待量明显多于东南部平原地区和西部太行山区域。

对于目前全市乡村休闲旅游空间分布的不均衡性，还要大力挖掘和利用现有资源，发展南部、西部区域的乡村休闲旅游项目，促进北京乡村休闲旅游的均衡发展。如太行山区有着丰富的山地旅游资源、红色旅游资源、矿山旅游资源，平原地区有着丰富的特色农业资源，应充分依托资源禀赋，与美丽乡村建设相融合，与特色农产品的花季、果季相结合，有效盘活、释放资源价值，丰富供给，满足市场需求，促进全市乡村休闲旅游均衡发展。2021 年，房山"三乡联动"打造"红歌绿海"、门头沟打造"一线四矿"文旅康养休闲区等工作稳步推进，取得了重大进展，北京乡村游"北高南低"的局面有望逐步改观。

二 五大任务助推乡村休闲旅游产业发展

（一）出台休闲农业"十百千万"畅游行动计划

为深入贯彻落实国务院《关于促进乡村产业振兴的指导意见》以

及《北京城市总体规划（2016年~2035年）》《北京市乡村振兴战略规划（2018~2022年）》要求，积极发展休闲农业，打造休闲农业精品，推进一二三产业深度融合，实现农民创业增收，满足市民休闲需求，提升本市休闲农业发展水平，北京市农业农村局和北京市财政局在2020年4月30日印发《北京市休闲农业"十百千万"畅游行动实施意见》（京政农发〔2020〕53号）。该实施意见提出，着力打造十余条精品线路、创建百余个美丽休闲乡村、提升千余个休闲农业园、改造近万家民俗接待户（简称休闲农业"十百千万"畅游行动），全面构建覆盖北京各区、乡村、园区与农户的全要素配套、全方位布局、多层次提升的休闲农业产业体系，提高对农户增收的贡献率、市民对休闲农业的认知率，实现休闲农业提质增效，推动休闲农业高质量发展。

1. 打造十余条休闲农业精品线路

以美丽休闲乡村、传统村落、生态景观田、休闲农业园区、民俗接待户等休闲农业经营节点为依托，合理布局资源，连点成线，打造区位优势明显、基础设施完善、生态环境优美、农民创业致富的景观线路、产业线路和人文线路。支持北京各区申报建设市级和区级休闲农业精品线路，支持延庆、怀柔积极创建全国休闲农业重点县（区）。

同时，围绕长城文化、大运河文化和西山永定河文化三个文化带，打造市级跨区域休闲农业精品线路。结合资源禀赋，打造区域特色鲜明的休闲农业精品线路。鼓励各区结合农业文化遗产、非遗传承、地标产品（地理标识产品、原产地认证、GAP认证）、"一村一品"等特色产业，打造各具特色的休闲农业精品线路。并打造以山、泉、水为特色的百泉汤河线路：突出怀柔山水文化特性，从雁栖镇的雁栖湖、怀北镇的百泉山、琉璃庙镇的白河湾到喇叭沟门乡的白桦林，依托怀山柔水、森林氧吧、万亩白桦林及众多休闲农业节点，形成110余公里的百泉汤河线路。打造以古御道文化为特色的京西古道线路：突出门头沟古御道文化特色，从琉璃渠村沿永定河到沿河城，依托传统村落、古商道、古长城、古城、永定河、湿地玫瑰谷、神仙峪和地理标识特产京白梨、大樱桃、京西白蜜，形成 100 余公里的京西古道线路。打造以园艺观光体验为特色的乐享妫川线路：突出延庆独特的历史文化资源和山水资源，从百里山水画廊到八达岭长城脚下，依托丰富的山、水、湿地、休闲园区、精品民宿、世园会园区和冰雪资源，连点成线，形成 150 余公里的乐享妫川线路等。

2. 创建百余个美丽休闲乡村

结合北京市美丽乡村建设，打造百余个地方特色突出、产业功能多元、乡村文化浓郁、村容精致独特、精神风貌良好的美丽休闲乡村。

突出村庄特色优势。优化自然环境，丰富生态资源，突出产业特色，整合农业生产功能与休闲功能，推动一二三产业深度融合，以休闲农业产业发展联农带农，带动本地农民创业就业。完善配套服务设施。协调吃住行游购娱学等要素，合理配置餐饮、住宿、体验、康养、文化展示等设施。结合自然生态文化资源，合理利用闲置资源发展休闲农业。强化乡村品牌建设。依托稀缺资源优势和乡土符号，建设休闲农业示范带动作用强的美丽休闲乡村，鼓励发展成为中小学及各类大专院校的培训实训基地。

3. 提升千余个休闲农业园

围绕产业发展、绿色生态、示范带动，鼓励园区提高科技支撑和经营管理水平，加强产品质量安全检测，落实标准化生产，科学规范合理安排配套设施建设，开展高效节水、有机、绿色生产、地理标识认证，支持园区联农带农，走一二三产业融合发展之路。提升一批精品观光采摘、农业文化遗产、非遗文化体验、教育科普体验、生态体验和康养体验等特色休闲农业园。鼓励各区创建市级以上星级休闲农业园。

4. 改造近万家民俗接待户

鼓励支持民俗接待户规范经营管理、完善安全设施、美化内外环境、明确主题定位、提升文化内涵、增加休闲体验，升级成为乡村民宿。鼓励村集体经济组织统筹考虑村庄的区位条件、资源禀赋、市政交通、环境容量和产业发展基础，通过作价回购、统一租赁、农户入股合作等形式，整合闲置农宅资源，进行自主经营或对外合作，发展乡村民宿，增加村集体和村民收入。鼓励农户利用自有合法宅基地，发展乡村民宿，利用自留地或承包地设计农村劳作体验、农业生产活动体验。

改造一批以特色文化为主题的民俗接待户。以京郊丰富的民俗文化、农耕文化和非遗文化为依托，重点围绕古长城、大西山、大运河文化，结合乡土风情和民族特色，丰富休闲文化内涵，提升一批特色文化主题乡村民宿。改造一批以自然景观为主题的民俗接待户。改造一批以体验参与为主题的民俗接待户，改造一批以特色餐饮为主题的民俗接待户。

为完善项目储备和管理机制，北京市农业农村局开始建立休闲农业"十百千万"畅游行动项目库，组织各区编制本区预算项目，按照"先审核、后入库、再安排预算"的流程，实现对各区休闲农业项目的规范化、精细化、程序化管理。截至 2022 年 3 月，各区初步报送项目 391 个，资金 6.37 亿元。为提高财政资金使用效益，市农业农村局产业发展处开始组织编制《北京市休闲农业"十百千万"畅游行动资金管理办法》。

（二）编制"十四五"时期全市休闲农业发展规划

北京市农业农村局把促进休闲农业与乡村旅游提档升级作为重要任务。从 2020 年下半年开始，根据中共中央、国务院《乡村振兴战略规划（2018～2022 年）》和《北京市城市总体规划（2016 年～

2035 年）》要求，结合各分区规划，坚持休闲农业与美丽乡村建设、都市型现代农业融合发展的思路，认真科学谋划本市休闲农业"十四五"规划及《北京市乡村振兴战略规划（2018～2022 年）》。

2021 年 7 月 31 日，市政府印发《北京市"十四五"时期乡村振兴战略实施规划》（京政发〔2021〕20 号）（以下简称《规划》）。《规划》明确，坚持服务首都、富裕农民的方针，深入发掘农业农村多种功能和价值，打造农业全产业链，拓展乡村产业增效空间，创造更多就业增收机会。《规划》提出，做精休闲农业和乡村旅游，推动全市休闲农业高质量发展，致力于精心设计吸引人、精细服务留住人、精致感受打动人，打造温暖、近距离休闲农业精品项目。《规划》强调，深入实施"十百千万"畅游行动，打造十余条精品线路、创建百余个美丽休闲乡村、提升千余个休闲农业园、改造近万家民俗接待户。推出一批乡村精品民宿，打造一批乡村民宿特色乡镇，实现全市乡村民宿从规模到质量的全面提升。落实新时代大中小学劳动教育要求，建设一批青少年农耕文化实践教育基地、乡村综合体。鼓励发展乡村健身休闲产业。《规划》提出，到 2025 年，全市休闲农业和乡村旅游年接待达到 4000 万人次，经营收入达到 50 亿元。

（三）实施休闲农业园区等级划分与评定地方标准

高质量发展，标准是基础。2021 年 3 月，由北京市农村经济研究中心和北京观光休闲农业行业协会编写，市农业农村局归口实施的地方标准《休闲农业园区等级划分与评定》（DB11/T 1830－2021）正式发布。该标准在广泛调研的基础上，立足休闲农业产业用地、资源环境、营业管理的刚性约束现状，紧紧把握当前政策要求，聚焦"以农为本"，突出农业特色、产业带动和城乡融合。标准强化了农业基础，针对休闲农业园区的农业种植养殖面积、农产品品质、利益连接机制等设置了专项指标，巩固农业产业基础。标准强调了合法合规，将休闲农业园的营业场所、附属设施符合北京城市总体规划、分区规划及镇（乡）域规划、控制性详细规划等作为申报星级的必要条件。与此同时，标准增加了体验活动和服务要求的评价分值，引导休闲农业园区丰富休闲体验内容、提升服务水平，弱化了对食宿设施的要求，增加"园区周边3公里范围内有餐饮经营"和"周边5公里范围内有住宿经营"的赋分项，引导园区与周边业态互动联营，培育产业集聚区。

标准发布实施之后，北京观光休闲农业行业协会随即开展了新一批休闲农业星级园区的评定工作，共评定79家休闲农业星级园区，其中五星级13家、四星级21家、三星级45家，树立了一批新典型，推动北京乡村休闲旅游产业规范化发展。

（四）启动休闲农业专家辅导团制度

2021年4月1日，为支持休闲农业"十百千万"畅游行动有效实施，北京市农业农村局启动休闲农业专家辅导团制度，并出台《北京市休闲农业专家辅导团管理办法》，切实解决经营主体尤其是农户经营中存在的产品创新不够、文化挖掘不足、带动增收不足等"最后一公里"问题。辅导团专家招募的要求为具有较高的学术水平、丰富的实践经验、良好的职业道德，须对"三农"有感情、有情怀，并且满足相关专业条件。专家专业领域包括旅游管理、规划设计、活动策划、发展战略、农耕文化、创意农业、生态环保、美学设计、设施设备、土建施工、政策项目、营销推广、投资融资、电子商务、花卉园艺、农业技术和其他领域。辅导团的任务包括辅导区域整体培优工程、休闲农业精品线路打造、美丽休闲乡村创建、休闲农业园区提升以及民俗接待户和乡村民宿改造。

截至2022年3月，已有82名专家个人和6个专家团队入选首批休闲农业辅导团，正在京郊大地如火如荼地开展对接服务工作，确立了三级培训、休闲农业"知乎"平台、现场说法、定点帮扶等辅导模式，对接经营主体，创新产品开发，挖掘乡村文化资源，设计优秀农文旅融合作品，更好满足市民休闲需求。

（五）加强"京华乡韵"品牌创建和宣传推广

北京市农业农村局创设了全市休闲农业区域品牌"京华乡韵"。从字面诠释，"京"，北京；"华"，美丽而有光彩，体现首善、诠释高度；"乡"，乡村、乡愁、家乡等，内容丰富；"韵"，韵味、底蕴，体现人文气息，彰显产业灵魂与温度。从内容诠释，"京华乡韵"既包含了文化传承、亲子研学、生态体验等新业态，又包含了乡村综合体、"三原"民宿（原住民、原住地风格、原生态文化）等新理念、新模式，旨在打造与首都城市战略定位高度契合的休闲农业产业体系。与此同时，北京市农业农村局开发了"京华乡韵"小程序，推广应用到各区，引领全市休闲农业高质量发展。

2021年，北京市农业农村局联合市文化和旅游局，在海淀区、顺义区、门头沟区、怀柔区分别开展四次"京华乡韵——逛京郊·品京品·享京韵"休闲农业推介活动，推介京彩线路、京韵乡村、精致园区、京味民宿等内容，并同步举办休闲农业高质量发展论坛。在海淀的活动上发布了"京华乡韵"掌上游小程序，在顺义发布了"2021年北京乡村特色美食"、北京市十大净菜加工企业，在门头沟发布了"20个美丽休闲乡村"名单，在怀柔发布了"十大杰出创业女庄主"名单。全年开展了"乐骑京郊"骑行、世界冠军游京郊、"京华乡韵·樱桃擂台赛"等活动，累计吸引千余名休闲农业知名专家、学者、新农人以及基层工作者参加，为疫情防控常态化背景下的休闲农业注入新动能。

2021年，北京观光休闲农业行业协会通过"北京休闲农业"微信服务号推送政策解读、采摘推荐、民宿推荐、休闲农业园区推荐、休闲农业活动推荐等各类信息 46 次 236 条，其中包括 "北京市休闲农业园疫情防控倡议书" "农村地区新冠肺炎疫情防控提示" 等行业引导信息和春光乍泄、暑假余额、京华秋韵、京华冬韵、乡约冬奥等专题信息。

北京市农村经济研究中心与北京国际设计周组委会合作，开展以 "聆听乡村故事、发现乡村之美、重塑乡村价值" 为主题的 "北京国际设计周·2021 艺术乡村主题展"，推动艺术振兴乡村新实验。

三　三大亮点提振乡村休闲经济

（一）提收益强带动，夯实农业基础

农业的休闲功能是其保障供给的基本功能之上的延伸功能。从中央农村工作会议的精神来看，确保粮食安全是农村工作的首要任务，农业生产的根本性地位不能动摇。在寸土寸金的北京，提升亩产收益，增加农业收入，夯实农业基础，是休闲农业园区企业根本的任务。

技术创新提升亩收益——通州区金果天地庄园建立之初就引进国际上比较先进的矮化密植技术及节水灌溉技术，经过多年的实践探索，自创果树简易修剪法，并申请了技术专利，农产品产量是传统种植的两到三倍。

提高品质提升亩收益——延庆区唐家堡设施葡萄采摘园和南山健源多年来深耕农业，打造延庆特色有机农产品葡萄和苹果，高品质使其葡萄的销售价格常年保持在每斤 80 ~ 120 元，是市场价格的十几倍，却依然供不应求。

科技引入提升亩收益——平谷区沱沱工社坚持有机种植，融入高科技，从意大利引进 FertiMix - GO 水肥一体机，精准施肥，引进高压

微雾设备，在需要时快速降低棚内温度，提高棚内相对湿度，采用生物防治、臭氧杀虫等防治病虫害，生产出符合国内有机标准和美国有机标准双重认证的蔬果，得到高端市场认可。

技术输出带动发展——平谷区欢乐蜂场定期对周边及其他区的蜂农进行免费的养蜂技术培训，提升周边蜂蜜品质，实现蜂产业规模发展。

（二）补短板强内容，打造农庄软实力

中央农村工作会议强调，"对脱贫地区产业帮扶还要继续，补上技术、设施、营销等短板，促进产业提档升级"。延展到乡村休闲旅游业，同样需要补短板强内容促升级。

补产品短板提升农产品附加值——平谷区欢乐蜂场开发了 20 余种蜂衍生产品，不仅可以作为互动体验制作产品，更是很好的伴手礼，其设计的巢蜜产品，不仅受到市场的欢迎，更是将蜂农的收入提升 5 倍之多，并且园区还结合平谷特色菊花开发了蜂蜜菊花宴和特色蜂蜜宴，丰富了游客体验。

补营销短板打造农产品品牌——门头沟区妙峰骑行小镇改良并提升当地特色农产品制作的传统技艺，推出咯吱、京白梨汤、香椿酱等产品，注册了"十市香椿""担礼""妙峰咯吱"等品牌，园区成立合作社将当地特色农产品整合，并在商业区开设"城市与农村的联络站"进行特色农产品销售，园区开发的咯吱菜肴获得精品民宿美食大赛银奖。

横向扩展增加体验内容——房山区作为国家现代农业示范区在"农业＋"体现得淋漓尽致，农趣大观园重点打造科普实践课程，将科技、航空、消防、安全、非遗等融入课程中，受到中小学生的欢迎。

纵向挖掘增加体验深度——密云区邑仕庄园深度挖掘葡萄产业链

各环节设计科普教育内容，从葡萄种植、采收、酿造到葡萄酒品尝都设计了相关科普内容，并且结合 VR 设备、提纯葡萄酒香精等方式让游客及校外课堂的学生从眼耳口鼻多重感官去感受葡萄酒文化，提升园区的可玩性。

（三）促销售保分红，完善利益联结机制

2021 年 6 月 1 日起施行的《中华人民共和国乡村振兴法》第 55 条明文规定，国家鼓励社会资本到乡村发展与农民利益联结型项目，鼓励城市居民到乡村旅游、休闲度假、养生养老等，但不得破坏乡村生态环境，不得损害农村集体经济组织及其成员的合法权益。在政策法规的引导下，北京乡村休闲旅游产业走出了一条联农带农的道路。

搭媒介带农增收——通州区曹女阳光农场年轻的农场主回乡创业后与周边农户成立合作社，利用网络媒体平台，销售合作社有机樱桃，分享农场美好田园生活，拥有十几万流量，农产品销售效果显著，并借助环球影城开放时机，召集村内开出租车的村民，为村里民宿拉客引流。

引渠道带农销售——顺义区纯然农场充分发挥自身渠道优势为周边乡村及休闲农业园进行带货，既满足会员需求，又带农致富。

保分红带农致富——延庆区华海田园天文科普教育基地在满足村里普通用工和残疾人用工需求的同时，与村集体签订合作协议，不仅保障村集体保底收益，还将园区利润的一半作为分红收益支付村集体。延庆荷府民宿更是在建立之初就设计了与乡村共发展的三步规划，即第一步盘活农村闲置宅基地及农业设施，第二步成立合作社满足村集体的保底收入和就业需求，第三步带领农民入股分红实现共同富裕，荷府也正是按照这样的计划稳步实施，并扩展到周边乡村，带动力明显。

四　"政策、典型、宣传"三力驱动下的乡村休闲发展

（一）有政策，还需细化落实细节

关于休闲用地——北京市规划和自然资源委员会等部门出台《关于加强和规范设施农业用地管理的通知》（京规自发〔2021〕62号），但具体怎样操作、实施和落地缺乏细则和可操作性的规范，建议出台正面清单和负面清单，让休闲农业从业者有法可依、有据可查、有流程可遵循。

关于资金使用——《2021年北京市休闲农业"十百千万"畅游行动项目实施方案》已印发，向各区转移支付了项目资金，应尽快出台休闲农业项目资金管理办法，并进一步完善项目库管理制度，形成申报指南，保障项目有序完成。

关于规划辅导——《北京市休闲农业专家辅导团管理办法（试行）》已印发，应尽快完善辅导团准入和退出机制，编写辅导团资源使用手册，帮助经营主体厘清思路、用好资源。

（二）有典型，还需深挖重点推广

北京市已经拥有两个全国休闲农业重点县、56个中国美丽休闲乡村、224个北京市休闲农业星级园区，应在评出后整理其特色，并重点挖掘，形成典型模式，可以进行广泛推广——从人物专访、案例模式分享、咨询发布等方面，利用已有媒体进行专题推广；重点对接——将发展基础相似、发展方向相同的乡村和休闲农业园区与典型进行重点对接，让发展中乡村与休闲农业园区可以少走弯路，快速掌握发展要点，提升发展效果。

（三）有宣传，还需系统打造品牌

《2021年北京市休闲农业"十百千万"畅游行动项目实施方案》出台后，从2021年到2025年，主管部门每年计划进行4场推介活动，发布休闲农业线路、典型特色等，还有Hi乡村网站、北京美丽乡村、北京休闲农业、京华乡韵等新媒体平台都在进行宣传，尚未完全形成系统化的、品牌化的宣传板块和矩阵，应持续深化"京华乡韵"品牌的内容，利用新媒体，如抖音、快手等设立"京华乡韵"宣传阵地，进行专业宣传。同时，要利用好"北京消费季"等全市性的宣传平台、推介活动，加大乡村休闲旅游的宣传力度，把乡村休闲消费纳入全市建设国际消费中心的大盘子中谋划。

2022年3月22日召开的全市农村工作会强调，要以乡村产业振兴带动农民增收致富，深入推进农村一二三产业融合发展，深化农业供给侧结构性改革，推动乡村旅游提档升级，盘活利用闲置农宅，引入社会资本，发展一批乡村民宿精品，培育田园观光、农耕体验、森林康养等新业态，打造消费新热点。在"大城市带动大京郊、大京郊服务大城市"战略的指引下，北京乡村休闲旅游业必将成为京郊的支柱产业和惠及全市人民的现代服务业，京郊乡村地区必将建设成为提高市民幸福指数的首选休闲度假区域。

5 北京康养休闲业态与空间分布

周 琳 邹统钎*

摘 要 本文概述了当前国际康养休闲的变化和趋势以及北京康养休闲业态的类型。为了客观描述北京康养休闲业态的组成和空间分布特征，本文采用了 POI 数据分析方法进行详细分析。通过数据分析可以看到北京各区的康养休闲业态数量总量相差较大，分布不平衡；在空间分布上，各区的康养休闲业态均表现出集聚的特征，通过核密度分析定位了康养休闲业态集聚点的位置和特征。最后结合以上分析对北京康养休闲业态的发展趋势作出了展望和建议：康养休闲将成为一种新型的社会生活方式；不同客户群体的需求推动康养休闲业态升级迭代；优化康养休闲产业结构，推进康养休闲产业发展。

关键词 康养休闲 休闲业态 北京

"康养"表达的是高水平的健康状态：达到康养状态的人应该是取得了身体、心灵和精神的和谐发展，具有高度的自我责任感、身体

---

* 周琳，北京第二外国语学院旅游科学学院旅游管理硕士研究生，研究方向为康养旅游；邹统钎，博士、教授、博士生导师，现任北京第二外国语学院校长助理、中国文化和旅游产业研究院院长、中国文化和旅游大数据研究院院长、数字文化和旅游实验室主任，研究方向为旅游休闲开发规划、遗产旅游、康养旅游、旅游目的地管理。

健康、合理饮食、精神放松、持续接受教育，并且关心环境和社会的人士。① 从汉语语义上讲，"休闲"包含两层意思：休，停止劳作，休假、休息；闲，闲适、悠闲的状态。② 与传统旅游形态相比，康养休闲主要是通过目的地提供的各类健康设施和服务，完成身体与心理健康的恢复、提升，或预防健康问题的出现，具有消费能力强、重游率高、强身健体等特点。③

一　国际康养休闲的变化和趋势

（一）健康观重塑：由身体健康向身心健康转变

由新冠疫情带来的新转变，"健康"的意义将不仅仅是面部美容或健身课，人们越来越关注心理健康，以及工作与生活平衡、社会正义、环境可持续性、建筑环境和公共健康的重要性。

全球康养研究所（GWI）高级研究员凯瑟琳·约翰斯顿（Katherine Johnston）说："全球中产阶级的扩大、人口老龄化和慢性病的增多将驱动康养经济的复苏，它们还将使消费者、政策和医疗支出转向新的方向。"

（二）康养休闲市场规模：预计未来三年或将迎来增长

GWI 2021 年 12 月发布的最新报告中指出，受新冠疫情的广泛影响，2019 年全球康养休闲产业的市场规模为 4.9 万亿美元，在 2020 年降至 4.4 万亿美元。GWI 预测康养休闲市场将恢复强劲增长，预计

---

① Dung H. L. , "High - level Wellness for Man and Society," *American Journal of Public Health and the Nations Health*, 1959, 49（6）: 786 - 792.
② 张广瑞、宋瑞：《关于休闲的研究》，《社会科学家》2001 年第 5 期。
③ 李鹏、赵永明、叶卉悦：《康养旅游相关概念辨析与国际研究进展》，《旅游论坛》2020 年第 1 期。

年均增长率为 9.9%，到 2025 年全球康养休闲产业的市场规模将达到近 7 万亿美元。这个趋势的预测反映出消费者新的价值观：追求自然、可持续性、心理健康，同时也是释放出 2021 年和 2022 年被疫情所压抑的需求。[①]

（三）温泉（含矿物温泉）康养的发展趋势及主要市场

2017 年到 2019 年，温泉康养是增长最快的康养旅游市场之一，其收入从 560 亿美元增长到 640 亿美元（年增长率为 6.8%）。受新冠疫情的严重影响，2020 年的收入下降了 39%，市场规模缩减至 390 亿美元。目前，全球 130 个国家共有 35099 家温泉设施。下滑是暂时的：预计到 2025 年，温泉康养将以每年 18% 的速度强劲增长，并伴有 140 多个在建的新项目。全球温泉康养主要集中在亚太地区和欧洲，主要市场包括中国（2020 年约为 123 亿美元）、日本（2020 年约为 92 亿美元）和德国（2020 年约为 52 亿美元）。[②]

（四）SPA 水疗康养的发展趋势及主要市场

从 2017 年到 2019 年，水疗行业以 8.7% 的年增长率快速增长，共计 165714 家水疗中心的收入达到了 1110 亿美元，酒店/度假水疗中心的数量从 48248 家大幅增加至 60873 家。由于这个行业属于密切接触的类型，在 2020 年同样遭受重创：收入下降了 38%（跌至 690 亿美元），水疗机构数量降至 160100 家（减少了 5000 多家水疗中心）。但该行业预计将迅速复苏，到 2025 年，该市场将以每年 17% 的速度增长，收入将达翻倍以上（达到 1505 亿美元）。2020 年排名前

---

①　"The Global Wellness Economy：Looking Beyond COVID," https://globalwellnessinstitute. org/in-dustry-research/the-global-wellness-economy-looking-beyond-covid/.

②　"The Global Wellness Economy：Looking Beyond COVID," https://globalwellnessinstitute. org/in-dustry-research/the-global-wellness-economy-looking-beyond-covid/.

五的市场是美国（151 亿美元）、中国（63 亿美元）、德国（57 亿美元）、日本（42 亿美元）和法国（27 亿美元）。[①]

二 北京康养休闲的业态类型

康养休闲作为一种能够"养颜""养心""养身""养老"的休闲活动，不同年龄层的游客都可以从中找到适合自己的方式。结合《中国康养旅游发展报告（2019）》[②] 中的康养文化产业发展模式，本文将康养休闲业态分为以下几种。

（一）"养颜"类：以温泉为典型代表

包括温泉、按摩推拿。"康养"最早的概念就缘起于古希腊与古罗马帝国时代的温泉疗法与温泉浴。[③] 在我国，大多数温泉以提供放松、娱乐的设施和服务为主，温泉属于典型的康养休闲产品。而按摩、推拿、美容和其他各类满足顾客健康需求的项目一开始作为温泉的配套服务，也逐渐发展成独立的业态，以进入门槛更低、选址更加灵活分散、投入和经营规模相对较小等优势获得了飞速的发展。

（二）"养心"类：以放松休闲亲近自然为主

包括休闲场所、游乐场、度假村。这里的"休闲场所"包括娱乐场所、酒吧、网吧、电影院、台球厅、剧场、KTV、棋牌室、垂钓园，"游乐场"包括主题乐园、儿童乐园，"度假村"是指能够亲近

---

① "The Global Wellness Economy: Looking Beyond COVID," https://globalwellnessinstitute.org/industry-research/the-global-wellness-economy-looking-beyond-covid/.

② 王欣、邹统钎等：《中国康养旅游发展报告（2019）》，社会科学文献出版社，2020。

③ 李鹏、赵永明、叶卉悦：《康养旅游相关概念辨析与国际研究进展》，《旅游论坛》2020 年第 1 期。

大自然并享受一系列服务和彻底放松身心的休闲和运动设施的场所。这三种业态通过不同的方式，能够使人们放松自我，获得健康、幸福感。

（三）"养身"类：以运动康体休闲为主

包括体育休闲场所、运动场馆、高尔夫相关、水上活动中心；这四类业态更加偏重于"休闲""运动"，因地制宜、因人而异，具备活动主体的自选性、活动和形式的多样性以及活动效应的综合性等特点，具有最广泛的"社会亲和性"[①]，帮助人们实现对身体健康的目标追求。"体育休闲场所"具体包括各种体育俱乐部、健身房；"运动场馆"就是各类运动场、运动馆，设施面积都相对较大；"高尔夫相关"既包括高尔夫场地，也包括高尔夫训练中心；"水上活动中心"主要是指水上乐园、水世界、游艇会、帆船中心等。

（四）"养老"类：主要服务于银发一族

这里主要是疗养院，指的是提供物理治疗并配合饮食等其他疗法以帮助病人恢复健康的医疗机构，多数疗养院建成于 20 世纪五六十年代，其功能有别于医院。

本报告将对北京市的以上 4 类康养休闲业态的现状，包括其组成和分布进行研究和分析；通过了解其现状和判断其趋势，以期能够为北京康养休闲业态的转型和升级提供参考信息，从而更好地服务于人们的生活，激发并催生人们对生活的激情，推动社会经济的发展，促进康养休闲产业的纵深发展。

[①] 金明灿：《论我国体育旅游的发展前景》，《科教文汇》（上旬刊）2009 年第 2 期。

三 北京康养休闲业态空间分布——基于 POI 数据分析方法

（一）北京不同城区的业态组成和数量不均，经济、休闲生活越活跃，康养休闲业态越密集

本部分将运用 POI 为对象进行数据采集抓取和分析，POI 全称是"Point of Interest"，一般翻译成"兴趣点"或者"信息点"，现在常用来表示互联网电子地图中的点类数据。[①] 报告中所涉及和获取的 POI 是基于高德地图的坐标拾取服务所获取的。10 种康养休闲业态包括温泉休闲、按摩推拿、体育休闲场所、运动场馆、高尔夫相关、游乐场、水上活动中心、度假村、疗养院、休闲场所，也与"高德地图 POI 分类摘取的 15 个大类和相对应的子类说明"进行了对应（见表 5 - 1）。

表 5 - 1 北京 16 区康养休闲业态组成

城区	温泉休闲	休闲场所	按摩推拿	体育休闲场所	运动场馆	高尔夫相关	游乐场	水上活动中心	度假村	疗养院	总数
东城区	9	561	242	43	121	4	15	2	0	8	1005
西城区	3	411	259	14	112	1	27	2	1	11	841
朝阳区	31	3394	2147	179	694	68	214	12	4	58	6801
丰台区	48	916	671	44	243	2	98	2	5	30	2062
海淀区	99	1396	617	107	434	13	59	3	14	53	2795
石景山区	3	247	171	26	56	2	26	1	1	10	543
门头沟区	1	266	87	4	17	1	11	0	14	5	406

---

① 陈蔚珊、柳林、梁育填：《基于 POI 数据的广州零售商业中心热点识别与业态集聚特征分析》，《地理研究》2016 年第 4 期。

续表

城区	温泉休闲	休闲场所	按摩推拿	体育休闲场所	运动场馆	高尔夫相关	游乐场	水上活动中心	度假村	疗养院	总数
房山区	19	1061	322	30	83	9	46	7	23	28	1628
通州区	23	1298	552	18	142	12	73	6	11	25	2160
顺义区	33	1044	312	27	97	13	48	10	12	19	1615
昌平区	75	1763	569	25	213	13	70	6	40	37	2811
大兴区	22	1179	385	24	132	7	77	4	5	37	1872
怀柔区	1	1080	84	6	27	2	16	5	91	14	1326
平谷区	4	708	109	4	22	2	11	6	30	30	926
密云区	9	1036	141	4	31	0	22	3	54	21	1321
延庆区	10	536	46	5	20	4	16	0	14	7	658
总数	390	16896	6714	560	2444	156	829	69	319	393	

资料来源：高德地图开放平台 POI 数据。

由表 5-1 可知，横向对比北京 16 区的康养休闲业态数量，整体相差较大，其中朝阳区的康养休闲业态总数远超过其他区，其次是昌平区和海淀区。朝阳区是北京城市近郊区中面积最大的一个，定位是"建设成国际一流商务中心、国际科技文化体育交流区、各类国际文化的承载地"，拥有第一、第二、第三、第四使馆区，国贸 CBD 和望京 CBD，对外交流频繁，经济发达，交通便利，是北京市重要的工业基地；同时朝阳区还有众多高端商场、高档西餐厅、网红店、现代地标建筑，消费主义盛行。因此，朝阳区各类康养休闲设施不但种类丰富、数量多，而且都非常前沿、时尚新鲜。昌平区的定位是"昌平新城城市休闲区"，拥有温泉、十三陵、居庸关等丰富的旅游资源。因此，昌平区的温泉及其他各类康养休闲业态总数为全市第二。海淀区 2021 年 GDP 总量北京市第一，居民人均可支配收入第二^①，房价北京市第三，高校科研院所、高科技公司、体制内单位、军队比较多，教育强大（从小学到大学），居民体制内比例比较高，普遍比较低调；颐和园、圆明园、香山等著名旅游景点也位于海淀区。因此，海淀区的温泉、疗养院、运动场馆数量都比较突出，整体数量排名第三。

纵向对比 10 种康养休闲业态，以休闲场所的数目最多，其次是按摩推拿和运动场馆。这三项相比其他几种康养休闲业态来说，相对面积、硬件设施、资金投入、人力投入、准入门槛、经营形式都相对更低、更灵活，对一般企业经营者来说更加容易进入，尤其是休闲场所很多经营内容可以根据消费者需求及时做出响应和调整。同时，这三类康养休闲业态对于消费者来说，人均消费成本相对较低、消费频率更高、消费群体较广、距离生活圈近、可参与性强，因此业态数量位列前三。

（二）北京不同城区的康养休闲业态主要集聚在人流集聚作用明显、商业吸引力强的区域

本报告将使用 ArcGis 软件作为空间分析工具，对北京市区康养休闲业态的兴趣点进行空间特征的识别和可视化操作。运用到的识别方法包括平均最近邻分析（Average Nearest Neighbor）、核密度分析（直观反映空间分布情况）、多距离空间聚类分析（Ripley's K 函数）。^②表 5-2 中 POI 个数是由北京各区的温泉休闲、按摩推拿、体育休闲场所、运动场馆、高尔夫相关、游乐场、水上活动中心、度假村、疗养院、休闲场所这 10 种业态数量加总得出。

---

① 《北京区域统计年鉴 2021》，北京市统计局、国家统计局北京调查总队官网，http://nj. tjj. beijing. gov. cn/nj/qxnj/2021/zk/indexch. htm。

② 牛强：《城乡规划 GIS 技术应用指南·GIS 方法与经典分析》，中国建筑工业出版社，2017，第 195~198 页。

表5－2 北京16区康养休闲业态空间分布分析——最邻近距离分析统计结果

城区	POI个数（个）	预期的平均距离（米）	观测的平均距离（米）	最近邻指数	Z得分（分）	P值	分布模式
东城区	1005	130.93	58.79	0.45	－33.42	0	集聚
西城区	841	149.01	75.12	0.50	－27.53	0	集聚
朝阳区	6801	172.46	54.52	0.32	－107.93	0	集聚
丰台区	2062	226.01	76.03	0.34	－57.70	0	集聚
海淀区	2795	382.22	102.45	0.27	－74.25	0	集聚
石景山区	543	196.98	79.14	0.40	－26.69	0	集聚
门头沟区	406	1034.44	280.24	0.27	－28.59	0	集聚
房山区	1628	645.27	220.35	0.34	－51.17	0	集聚
通州区	2160	396.36	142.68	0.36	－57.05	0	集聚
顺义区	1615	603.54	215.37	0.36	－49.63	0	集聚
昌平区	2811	391.63	115.75	0.30	－71.86	0	集聚
大兴区	1872	428.47	167.78	0.39	－50.41	0	集聚
怀柔区	1326	722.80	160.98	0.22	－55.82	0	集聚
平谷区	926	545.36	221.97	0.41	－34.95	0	集聚
密云区	1321	782.55	215.65	0.28	－51.18	0	集聚
延庆区	658	864.55	305.37	0.35	－32.03	0	集聚

各区康养休闲业态空间分布均呈现出明显的集聚特征。利用多距离空间聚类分析（Ripley's K函数）对北京16区康养休闲业态的分布进行计算，结果显示，随着距离的加大，除了西城区以外，其他15个区的观测值都大于预期值，均呈现出明显的集聚特征。而西城区的康养休闲业态在300～2100米范围内呈现出明显的集聚特征，在2100～2800米呈现出发散特征。

通过核密度分析可知各个城区集聚的位置如下：

1）东城区：东直门来福士商圈、崇文门新世界商圈；

2）西城区：什刹海恭王府周边、西单商圈、广外街道；

3）朝阳区：朝阳门三里屯商圈；

4）海淀区：首先是五道口商圈、中关村商圈，其次是上地商圈、世纪金源商圈；

5）丰台区：方庄蒲黄榆商圈；

6）石景山区：八角游乐园附近区域；

7）门头沟区：大峪村附近区域；

8）房山区：良乡地铁站附近区域；

9）通州区：北苑商圈；

10）顺义：顺义—石门地铁站之间区域；

11）昌平区：首先是回龙观区域，其次是天通苑区域；

12）大兴区：西红门商圈、亦庄文化园商圈、高米店—枣园地铁站区域、永兴河湿地公园附近；

13）怀柔区：怀柔区人民政府附近区域；

14）平谷区：平谷区人民政府附近区域；

15）密云区：密云区人民政府附近区域；

16）延庆区：延庆区人民政府附近区域。

由以上各区康养休闲业态空间集聚的地区可以看到，北京市内城六区（东城区、西城区、朝阳区、海淀区、丰台区、石景山区）的集聚区为知名的大商圈，这些商圈交通便利、人流量大，还拥有大型商场、餐饮等各类丰富多元的业态，能满足消费者的各种不同的需求。北京6个近郊区（门头沟区、房山区、通州区、顺义区、昌平区、大兴区）的集聚区主要是在地铁站周边的商业区和规模很大的住宅区，其主要特点是交通便利、人流量大。北京4个远郊区（怀柔区、平谷区、密云区、延庆区）的集聚区都在各自的区政府附近，这些区域拥有学校、医院、党政机关等企事业单位，也是各自区域内建设和发展较好的区域。这些不同康养休闲业态的横向集聚可以提供多元化的产品和服务，满足消费者需求的差异化，最优的方式是在空间上满足地理位置的相对集中和适度分散：相对集中可以共享基础设施和人力资源；适度分散可以分散客源，避免多度竞争。

（三）不同业态类别的城区空间分布特征分析

1. "养颜"类

（1）温泉：在温泉自然资源丰富的城区集聚效应突出

最邻近距离分析计算结果：全市 16 区 POI 点数共 390 个，观测的平均距离为 1046.26 米，预期的平均距离为 3229.57 米，最近邻指数为 0.32，Z 得分为 -25.54 分，呈现出显著的集聚特征。

多距离空间聚类分析（Ripley's K 函数）计算结果：从 4000 ~ 34000 米呈现出明显的集聚特征。

核密度分析：显著集聚区在海淀区温泉镇附近。

（2）按摩推拿：内城六区集聚明显，向外递减的趋势显著

最邻近距离分析计算结果：全市 16 区 POI 点数共 6714 个，观测的平均距离为 160.63 米，预期的平均距离为 784.31 米，最近邻指数为 0.20，Z 得分 -124.66 分，呈现出显著的集聚特征。

多距离空间聚类分析（Ripley's K 函数）计算结果：从 4000 ~ 32000 米呈现出明显的集聚特征。

核密度分析：显著集聚区是在朝阳区大望路、通惠河附近。

根据以上对"养颜"类康养休闲业态的空间分析可看到，温泉主要是依托于自然禀赋，因此分布集中在拥有自然资源的区域。温泉休闲主要集中在海淀区温泉镇、昌平区小汤山、丰台区南宫村附近，这也是北京市民前往温泉休闲所首选、熟知的区域。温泉休闲业态要以可持续利用为开发前提，避免浪费、过量开采和环境破坏等状况。按摩推拿则主要集中在商旅出行多、外来人口多、办公区域集中的地区，因此在朝阳区、丰台区、海淀区相对更加集中。

2. "养心"类

（1）休闲场所：整体呈现"小、多、密"的特征，内城六区集聚明显，向外逐渐减弱

最邻近距离分析计算结果：全市 16 区 POI 点数共 16896 个，观测的平均距离为 193.64 米，预期的平均距离为 598.00 米，最近邻指数为 0.32，Z 得分为 -168.15 分，呈现出显著的集聚特征。

多距离空间聚类分析（Ripley's K 函数）计算结果：呈现出明显的集聚特征。

核密度分析：显著集聚区在朝阳区三里屯、东大桥区域。

（2）游乐场：集中分布在内城六区，目前仍然以欢乐谷为代表的朝阳区集聚最为显著

最邻近距离分析计算结果：全市 16 区 POI 点数共 829 个，观测的平均距离为 862.25 米，预期的平均距离为 2292.84 米，最近邻指数为 0.38，Z 得分为 -34.37 分，呈现出显著的集聚特征。

多距离空间聚类分析（Ripley's K 函数）计算结果：从 4000~38000 米呈现出明显的集聚特征。

核密度分析：显著集聚区在朝阳区欢乐谷附近（环球影城目前附近标注点相对较少，未来值得关注）。

（3）度假村：主要分布在远郊区和近郊区，以怀柔区集聚最显著

最邻近距离分析计算结果：全市 16 区 POI 点数共 319 个，观测的平均距离为 2085.06 米，预期的平均距离为 4152.27 米，最近邻指数为 0.50，Z 得分为 -17.33 分，呈现出显著的集聚特征。

多距离空间聚类分析（Ripley's K 函数）计算结果：从 6000~48000 米呈现出明显的集聚特征。

核密度分析：显著集聚区在怀柔区三渡河村、长元村周边。

根据以上对"养心"类康养休闲业态的空间分析可看到，休闲场所大部分为娱乐休闲活动，尤其是一些新兴的业态，比如轰趴馆、沉

浸式体验馆、剧本杀等；为了吸引受众，主要集中在朝阳区、昌平区、海淀区这些年轻人活跃区、高校集聚区。游乐场在北京最知名的是欢乐谷和新开园的环球影城，而环球影城的品牌和知名度使之受到的关注度和热度已经超过了欢乐谷，成为人们在北京必去的打卡地之一。度假村也是依托于自然禀赋的，因此分布集中在拥有相关自然资源的区域，即北京怀柔区最为突出，其次是密云区、昌平区，这三个区域以其丰富的自然生态资源成为北京市民以及周边市民周末、近郊出游的首选，因此未来应加强远郊城区在乡村地区的交通基础设施建设以及周边配套建设。

3. "养身"类

（1）体育休闲场所：以朝阳区、海淀区集聚最明显，向外递减的趋势显著

最邻近距离分析计算结果：全市 16 区 POI 点数共 560 个，观测的平均距离为 828.46 米，预期的平均距离为 2204.68 米，最近邻指数为 0.38，Z 得分为 –28.26 分，呈现出显著的集聚特征。

多距离空间聚类分析（Ripley's K 函数）计算结果：从 4000 ~ 26000 米呈现出明显的集聚特征。

核密度分析：显著集聚区为东四十条到团结湖、三里屯到朝外区域附近。

（2）运动场馆：内城六区集聚明显，呈现多个集聚点，向外递减的趋势显著

最邻近距离分析计算结果：全市 16 区 POI 点数共 2444 个，观测的平均距离为 426.97 米，预期的平均距离为 1358.10 米，最近邻指数为 0.31，Z 得分为 –64.84 分，呈现出显著的集聚特征。

多距离空间聚类分析（Ripley's K 函数）计算结果：从 4000 ~ 38000 米呈现出明显的集聚特征。

核密度分析：显著集聚区有两块，分别是在海淀区奥体中心附近

区域和朝阳区朝阳公园附近区域。

（3）高尔夫相关：突出集聚在朝阳区，向外递减的趋势显著

最邻近距离分析计算结果：全市16区POI点数共156个，观测的平均距离为2176.52米，预期的平均距离为4452.04米，最近邻指数为0.49，Z得分为–12.21分，呈现出显著的集聚特征。

多距离空间聚类分析（Ripley's K函数）计算结果：从4000~28000米呈现出明显的集聚特征。

核密度分析：显著集聚区有两块，分别是在朝阳区来广营桥附近以及四方桥附近区域。

（4）水上活动中心：本身特质所限，整体数量较少，呈现多个集聚点

最邻近距离分析计算结果：全市16区POI点数共69个，观测的平均距离为4789.40米，预期的平均距离为6682.77米，最近邻指数为0.72，Z得分为–4.5分，呈现出显著的集聚特征。

多距离空间聚类分析（Ripley's K函数）计算结果：从6000~42000米呈现出明显的集聚特征。

核密度分析：显著集聚区有两块，分别是在朝阳区水立方附近区域和顺义区奥林匹克水上公园附近。

根据以上对"养身"类康养休闲业态的空间分析可看到，体育休闲场所、运动场馆这类康养休闲业态基本都是后期建设的，主要是为了丰富人们的健康休闲生活，朝阳区集中了工人体育场、鸟巢、欢乐谷等耳熟能详的体育休闲场所，形成了吸引核使得相关业态在朝阳区相对更加集中；而海淀区由于拥有比较集中的高校，体育休闲场所、运动场馆也比较集聚。高尔夫相关业态主要是为了满足商务休闲、体育健身的需要，而朝阳区作为北京经济最为活跃的板块，因此在朝阳区最为集聚；其次是顺义区、海淀区、昌平区并列。水上活动中心数量比较突出的是朝阳区、顺义区和房山区，其中朝阳区是以水立方以

及儿童类水世界为主，顺义区主要集中在奥林匹克水上公园附近，房山区主要分布在青龙湖和十渡度假区周边。

4. "养老"类

各区疗养院数量相对均衡，以朝阳区、海淀区集聚最为明显。

最邻近距离分析计算结果：全市 16 区 POI 点数共 393 个，观测的平均距离为 2087.18 米，预期的平均距离为 3319.93 米，最近邻指数为 0.63，Z 得分为 -14.01 分，呈现出显著的集聚特征。

多距离空间聚类分析（Ripley's K 函数）计算结果：从 4000～36000 米呈现出明显的集聚特征。

核密度分析：显著集聚区有两块，分别是在海淀区与丰台区交界的定慧桥、丰北桥附近区域，东城区与朝阳区交界的东二环和东三环之间这片区域。

根据以上对"养老"类康养休闲业态的空间分析可看到，疗养院数量比较突出的是朝阳区和海淀区，其中朝阳区以老年公寓、养老中心为主，海淀区以干休所、军休所、机关单位休养所为主。

综上所述，北京 16 区的康养休闲业态的组成和分布受到各区的经济社会发展、自然人文资源特色、区位环境、居民消费习惯等因素的影响而呈现出不同的空间特征。北京的康养休闲业态空间分布特征直接决定了市场竞争的规模效益和组织化程度，不但直接展现了业态的发展状况，同时还对人们的各类活动产生空间影响力。

四　北京康养休闲业态发展趋势

（一）康养休闲将成为一种新型的社会生活方式

经济社会环境持续向好、大众闲暇时间增多为康养休闲产业的发展提供了重要的物质基础和条件保障。人们不再满足于在景点之间穿梭拍照，而是希望能够慢下来、细细感受，体验闲暇逸致，享受这种方式给身体和精神带来的放松、愉悦和滋养。新冠疫情虽然影响人们的外出，但是人们对健康更加关注了，全社会倡导选择健康、积极的休闲消费和生活方式。

康养休闲所提供的多种业态形式，可以满足人们分层分段分群体的康养休闲需求，下班后可以前往体育休闲场所、运动馆、按摩推拿、休闲场所用较短的时间、自在的方式放松自己，周末可以跟家人朋友一起去温泉、度假村、游乐场、高尔夫球场等用半天或者 1~2 天时间休闲度假，长假期间可以去温泉、度假村彻底放松身心。这些时间长短错落、形式丰富多元的业态提供给人们多种选择的便利。

（二）不同客户群体的需求推动康养休闲业态升级迭代

在身心健康获得同样重视的当下，康养休闲业态必须能满足不同年龄层、不同客户群体对康养休闲的个性化需求，形成多层次、多样化的业态组成和空间分布。通过康养休闲元素的年轻化及多元化，用一些创新玩法吸引中青年一族，解决他们对解压、休闲的诉求。构建生态体验，与养生养老结合发展健康养老，满足银发一族活力智慧的品质养老需求。创造舒适、安全、亲近自然的愉悦体验，吸引亚健康一族的关注和参与，帮助缓解他们的生活压力和焦虑。在这种全龄康养休闲的大背景下，北京 16 区可以结合各区特色和优势，以健康为基准，积极探索医疗、养老、中医养生、体育及"互联网＋"等元素相融合的康养休闲新业态，使人们能够提升幸福感、修身养性、陶冶情操。

（三）优化康养休闲产业结构，推进康养休闲产业发展

当前北京的康养休闲业态数量较多，通过明确各城区康养休闲的发展定位与特色，统筹协调各城区间康养休闲开发水平，提升各城区

康养休闲产业发展整体效益。另外，要积极合理地发挥不同城区、不同康养休闲集聚区之间的联动发展机制，积极引导实现集聚中心地的辐射带动作用。未来随着康养休闲业态内涵的不断丰富，在推动多业态融合发展时要从康养产业、医疗服务、休闲度假上挖掘特色，走产业化发展道路，营造包容、开放的市场环境，激发市场主体的活力；同时，也要注重提升服务质量，培养特色品牌。结合市场需求及现代生活方式，聚焦新业态、新模式、新服务，运用创意化的手段，开发利于养心的精神层面的康养休闲服务及产品，助力北京的康养休闲产业提质增效。

6 北京科技休闲发展研究

李　颖　李　娟　杜烨琳*

摘　要　5G、大数据、云计算、虚拟现实等新技术的发展，推动了北京科技娱乐休闲、科技文化休闲、科技旅游休闲、科技教育休闲等的产业升级。但北京科技休闲发展仍然暴露出诸多问题，科技休闲产业文旅融合程度尚浅，项目体量相对较小，集聚效应发挥不显著，专业技术人才匮乏，政策导向性相对较低。针对这些问题提出了一系列对策，以增进文旅产业的深度融合发展，丰富科技休闲业态，培育科技休闲管理专业人才，并强化政府及政策的导向作用。

关键词　科技休闲　新技术　文化　旅游　北京

一　北京科技休闲发展现状

（一）科技娱乐休闲处于快速发展阶段，行业边界不断延伸

随着 5G、大数据、云计算、虚拟现实等技术的发展，尤其是

---

* 李颖，北京第二外国语学院讲师，研究方向为旅游新技术；李娟，北京第二外国语学院 MTA/MBA 教育中心 MTA 专业研究生，研究方向为旅游经理管理；杜烨琳，北京第二外国语学院 MTA/MBA 教育中心 MTA 专业研究生，研究方向为遗产旅游。

"元宇宙"概念的流行，新兴科技手段迅速推动了北京的娱乐休闲行业发展。

沉浸式体验娱乐项目作为科技娱乐休闲最重要的部分，随着科技的进步和时代的发展其项目数量和产业规模发生了巨大的转变，尤其是近几年，沉浸式体验项目经历了从无到有、从起步到繁荣的产业发展。2014年我国沉浸式体验项目仅为2项，直到2017年发展到142项，自2018年起沉浸式体验项目增速加快并呈现规模式增长，沉浸式体验项目迅速增长到442项，2019年全国沉浸式体验娱乐项目已达到1100项（见图6-1），覆盖34类业态，行业市场规模由2015年的2.0亿元增长至2019年的48.2亿元，年复合增长率为121.6%，呈现指数级增长态势。伴随游戏设计、虚拟现实技术、心理学等多个领域在沉浸式体验娱乐行业不断进行高度融合和碰撞，沉浸式体验娱乐项目的模式和内容亦将不断迭代，预计未来几年中国沉浸式体验娱乐行业市场规模将以21.2%的年复合增长率不断增长，有望于2024年达到125.8亿元（见图6-2）。

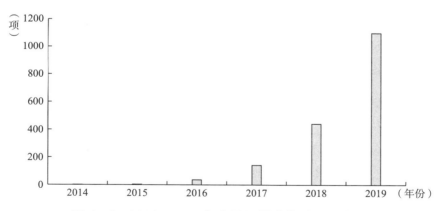

图6-1 2014～2019年我国沉浸式体验项目数量

资料来源：《中国沉浸式产业发展白皮书》。

沉浸式体验娱乐行业处于快速发展阶段，行业边界不断延伸，已衍生出沉浸式餐厅、沉浸式马戏团、沉浸式魔术等领域。

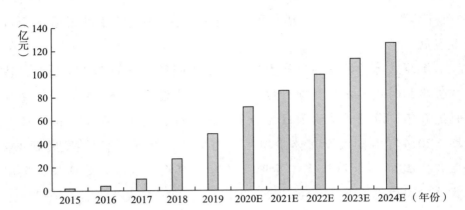

图 6 - 2 我国沉浸式体验项目市场规模及预测

资料来源：《中国沉浸式产业发展白皮书》。

1. 沉浸式餐厅

沉浸式餐厅，又名光影餐厅、全息餐厅，采用全息投影技术围绕菜品主题叙述故事，通过多台投影设备对各种形状的幕墙进行投影，将 3D 视频通过融合技术精确展现在幕墙、地面、餐桌甚至天花板上，从而形成多角度、多层次且相互衔接的影像。设计师将各种动植物、自然景象、虚拟场景等素材，通过电脑制作成视频内容，模拟出不同类型的虚拟场景，让消费者仿佛身临其境一般，利用声、光、电等特效满足用餐者听觉、触觉、视觉等全方位的需求，为食物增加独特的艺术感，营造出更逼真的视听效果，为用餐者带来极强的冲击感。北京的京师烤鸭老字号——便宜坊落地了首个沉浸式餐厅项目，整个空间的光影设计根据特别定制的四道特色菜制作而成。整个餐厅的菜品设计都是十足的中国味，因此整体的风格设计也以中国风元素为主题呈现。除了墙面和桌面之外，地面也进行了适当的处理以搭配整体环境，并且在前期进行了大量的尝试与调整。此外，海底捞智慧餐厅在北京中骏世界城店开幕，除了之前流传出来的传菜机器人，智慧餐厅还深藏 5 大黑科技，比如机械臂上菜、千人千味配锅机、立体环绕投影等，营造不同的就餐体验。北京一家名为"与"的音乐光影餐厅，主打沉浸式餐饮体验，受到了大家的追捧，其将 FOOD（餐饮）、BAR（酒吧）和 LIVEHOUSE（音乐现场）三位一体，由餐桌周围的巨大屏幕分别提供不同的影片，打造不同的沉浸式用餐场景，并搭配相对应的菜品。

2. 沉浸式戏剧

北京市文化和旅游局日前发布的数据显示，2021 年北京市共推出 2415 台演出剧目，举办营业性演出 20597 场，观众人数 513.5 万，票房收入 7.83 亿元。与上年同期相比，场次数量增长 195%，已经恢复到疫情之前的九成。沉浸式戏剧也逐渐进入人们的视线，2021 年，北京交响乐团和北京京剧院联合推出大型京剧交响套曲《京城大运河》，通过京剧不同流派的典型声腔与交响乐的结合，实现东西方文化的交融创新。中国东方演艺集团等单位出品的舞蹈诗剧《只此青绿》，取材于北宋宫廷画家王希孟传世名画《千里江山图》，在舞台上重现大宋美学的风雅韵致，让文物"活"起来。开心麻花的沉浸式戏剧《偷心晚宴》根据剧情变化设置互动情景，观众自觉代入剧情角色，极大地丰富了观演体验。"戏剧之王"沉浸式亲子互动戏剧空间是全国首创以文学名著、艺术经典为主题的全景体验空间，由国际知名场景视听特效大师匠心筑造"用身体阅读"的前卫审美方式，打造深度亲子互动的体验最佳项目。项目占地面积约 560 平方米，超大空间可使人体验时间逆转、时空凝固的全身心感受，带领观众来到那些名著佳篇中的经典场景，全方位地了解杰作背后的点点滴滴。体验者将不再是旁观者，也是剧情事件的参与者、亲历者甚至是改变者。《青麓幽鸣·青木》场内均为实景，配合灯光和音乐营造氛围感，演员们演技精湛，观众能观察到演员表演的小细节，在这里最大的感受就是观众不再只是观众，不再只是被动的观看者，而是可以自由地穿梭在剧场中，甚至可能参与到表演中。

3. 沉浸式酒店

沉浸式酒店并不仅仅只是提供住宿的场所，亦贯穿众多主题体验活动。北京的 UMEPLAY 沉浸式体验空间在网络上爆红，一度一票难求，尤其是在节假日，更是需要提前十天左右预订。2021 年 2 月，六工汇大型城市更新项目与 UMEPLAY 共同打造以 "IRREVERSIBLE - TRACE"（回不去的归所）为主题的未来游戏空间。该空间总面积达 6000 平方米，按照北京特定年代进行场景还原和量身构造，打造具有高辨识度的沉浸式交互体验模式。空间一半用来建造与游戏配套的主题酒店，部分客房根据剧情需求与游戏融为一体，创造全新的酒店体验。其他客房可作为主题酒店对外营业，打造可持续 2 天 1 夜的沉浸式交互体验，颠覆性创造了 "沉浸娱乐 + 主题酒店" 的场景化新革命。环球影城大酒店及诺金度假酒店以非凡精彩及超越期待的宾客服务打造充满惊喜的全方位沉浸式入住体验。凭借别具一格的主题演绎、独具匠心的设计风格，以及对目的地深厚历史文化底蕴的巧妙融合，这两家酒店将为宾客重新定义度假酒店体验的新基准，并成为引领都市旅行新风尚的居停目的地。酒店共设有 800 间各具特色的客房与套房，其中还包括部分专为亲子打造的以梦工场动画广受喜爱的系列动画影片《功夫熊猫》为灵感设计的主题房型。

"沉浸式" 作为一种手段，与各行各业现有的业态都可结合，尤其是娱乐业和服务业。未来，沉浸式不再作为任一行业固定的名词，将灵活运用于各种场景中，以全新的体验方式吸引和刺激消费者前来购买产品。

（二）科技文化休闲的互动性、可视性、趣味性大幅提升

文化休闲是人们休闲生活的重要组成部分，目前，有很多科技文化休闲项目利用数字化技术将文化遗产信息以动漫、游戏、VR、AR、AI 等形式展现出来，再借助互联网平台，如官网、小程序、H5、短视频等方式将知识进行传播与分享，实现对文化遗产全景式、立体式、延伸式展示宣传。

1. 物质文化遗产

2021 年 12 月，在北京正阳门箭楼，由北京市文物局发起"数字中轴，点亮文明——北京中轴线申遗'数字中轴'启动仪式"，宣布了"云上中轴"小程序的正式上线，仅仅 5 个小时，就有 50 多万用户参与创意互动，成为北京中轴线申遗助力人；活动发布了北京中轴线申遗的首个数字形象"北京雨燕"，发行的首批北京中轴线纪念版免费数字藏品 9999 件，仅一小时就被用户领取完毕。"数字中轴"项目将重点围绕北京中轴线保护传承与创新发展来展开，运用大数据、云计算、人工智能、区块链、知识图谱等新技术和文化内容创意形式，深挖北京中轴线历史文化内涵，推动文化遗产数字化保护与传承。这将有助于提升北京中轴线的国际影响力，助推北京中轴线申遗。为了呈现北京中轴线 700 多年的历史文化变迁，该项目将整合游戏引擎、AI 知识图谱、腾讯地图、区块链多媒体实验室等多条线业务资源。其中游戏引擎技术、物理仿真技术、云游戏技术将重点参与数字中轴的数字陈述体系建设，AI 知识图谱将为数字中轴打造虚拟导览助手，腾讯地图将为数字中轴提供特制地图版本，区块链支撑数字藏品体系，腾讯多媒体实验室释放技术参与打造数字中轴线的沉浸式体验。"数字中轴"项目的建设分成三个部分，包括"北京中轴线数字展陈""北京中轴线 IP 强化""北京中轴线文化遗产可持续发展指数"。目前"云上中轴"小程序 1.0 版本已上线，通过数字化方式在线呈现北京中轴线的文化遗产风貌，展示传播其历史文化内涵与时代价值，吸引社会大众互动体验并参与北京中轴线申遗工作。

2. 非物质文化遗产

中共中央办公厅、国务院办公厅印发的《关于进一步加强非物质文化遗产保护工作的意见》指出，非物质文化遗产是中华优秀传统文化的重要组成部分，是中华文明绵延传承的生动见证，是联结民族情感、维系国家统一的重要基础。保护好、传承好、利用好非物质文化遗产，对于延续历史文脉、坚定文化自信、推动文明交流互鉴、建设社会主义文化强国具有重要意义。健全非物质文化遗产保护传承体系，完善调查记录体系。实施非物质文化遗产记录工程，运用现代科技手段，提高专业记录水平，广泛发动社会记录。在现代社会中，部分非遗项目面临着生存空间狭窄、传承后继乏人，其赖以存在的文化形态缺失等问题，且短时间内无法弥补。如何为子孙后代留下这些精彩而弥足珍贵的非遗文化，让濒临灭绝的非遗项目走出困境，是海淀区非遗工作者一直以来思考的问题。无论是非物质文化遗产之民间文学、传统戏剧和曲艺，还是传统技艺和民间美术，都拥有动人的故事传说。这些源远流长的民间传说，蕴含着中华民族特有的审美特征、道德意蕴和社会行为规范，至今仍拥有着巨大的影响力。为传承、传播这些动人的故事传说，海淀区利用地区科技资源优势，与科技公司联合研制开发非遗机器人。在海淀区举办的"韵味河山——京津冀非遗展演"和北京市文化局举办的"流动的文化带——大运河文化带非遗大展"上，海淀区自主研发的非遗机器人受到各界人士的广泛关注。非遗机器人采用汉服扮相，形象生动，声情并茂、娓娓讲述濒临失传的海淀民间文学传说、风土人情和人文历史，手舞足蹈、憨态可掬的形象十分惹人喜爱。运用现代科技手段保护开发非物质文化遗产，扩大了非物质文化遗产的传播度，更好地保护开发了非物质文化遗产。未来，海淀区将继续在科技助力非遗传承方面做出更多有益的尝试。

（三）科技旅游休闲对推动北京文旅产业结构调整升级意义重大

1. 科技旅游休闲项目

2021年前三季度北京市接待旅游人数1.98亿人次，同比增长74.2%，恢复到2019年同期的81.1%。实现旅游收入3074.9亿元，同比增长86.2%，恢复到2019年同期的66.5%。北京文旅投融资服

务专题板块在北京文旅资源交易平台正式改版上线，10 大类 45 个文
旅投融资项目陆续在平台亮相。北京举办文旅重点项目投融资推介
会，精选北京 14 个区的 45 个重点项目，总投资额约 122 亿元，引导
社会资本聚焦文旅产业新技术、新业态、新模式，助力文旅产业创新
升级。项目涵盖文化创意旅游、红色旅游、乡村民宿及精品酒店、特
色村落开发、旅游景区、体育旅游、研学旅游、旅行社及旅游设施服
务配套共 10 大类别。这些类别不仅符合"十四五"文化和旅游发展
规划，也是当前和今后一段时期北京文旅发展的重点领域。推介会上
亮相的项目特色鲜明、优势明显，具有良好的经济和社会效益，项目
落地对扩大文旅投资、提升文旅消费水平、推动北京文旅产业结构调
整与转型升级具有重要的现实意义，有望成为北京文旅发展重点领
域的"代表作"。围绕古都文化、红色文化、京味文化和创新文化，
推介会还精选了 11 个项目进行集中推介。如东城区京潮网红打卡
地——"和平菓局"老北京文商旅沉浸式体验项目、大兴区魏善庄镇
沉浸式"剧本鲨"特色小镇建设项目、房山区周口店镇精品民宿集群
项、延庆区龙庆峡体育旅游综合提升项目、昌平区流村镇狼儿峪村红
色旅游项目等。

2. 科技旅游休闲技术

旅游产业与科技联系越来越紧密，尤其是虚拟现实 VR 技术、增
强现实 AR 技术、混合现实 XR 技术等的飞速发展并与旅游产业很好
地进行结合和运用，为科技旅游休闲增添了更多活力。我国有 700 多
家全景 VR 旅游景点，在 2020 年 9 月就有游客通过 VR 进行沉浸式旅
游体验。VR 全景云旅游是以全方位展示旅游景区的自然环境、设备
和项目，带领用户穿越到目的地，感受当地的人文景观。同时，用户
可以随意变大变小、720 度拖拽全景图，给用户带来极强的体验感和参
与感。VR 展示平台也吸引了来访人的注意，站在指定的地点，耳边传
来恐龙的叫声，眼前的屏幕上一只霸王龙正缓缓向人走来，随着吼叫

声的接近，霸王龙也已站在人身边。这就是 VR 技术带来的全新体验。

3. 北京环球影城案例

北京环球度假区也是一个数字化的切面。自从 2021 年 9 月 20 日开园以来，"环球影城""环球度假区"等关键词搜索量达到 2020 年同期的 51.5 倍。同时，北京环球影城周边 5 公里内的夜间消费提升非常显著，与生活服务业相关的夜间消费（晚上 20：00 至第二天凌晨 3：00）订单量大幅上升。这其中，堂食餐饮夜间订单量同比上涨 65.4%，酒店夜间订单量同比上涨 37.6%，足疗按摩夜间订单量同比上涨 79.0%。"环区店"已成为北京生活服务类商户创业风向标。美团通过数字化能力将周边餐饮、住宿、休闲等在内的"环区店"精准盘活，通过线上推广等方式助力北京打造国际消费中心城市，显著激发实体经济活力。

（四）科技教育休闲活化文博展示，提升研学旅游品质

疫情危机，为古老的文博产业带来加速拥抱前沿科技的新契机。国际博物馆协会 2020 年的报告显示，采用线上展示藏品、展览和直播的博物馆增加了 15% 以上。

1. 文博展示

作为中国最具代表性的文博机构和文博数字化领域的标杆机构，故宫博物院携手腾讯举办国际论坛，组织各国文博领军人物共同探讨文博数字化新路径，在汇聚全球智慧助力中国文物保护和科技创新的同时，也展现出中国这一千年文明古国的大国担当。疫情期间上线的"数字故宫"小程序也是"新文旅"丰富形态的一个体现。它集合了故宫"新文创"和"新科技"的成果，既是一座移动展览馆，云端漫步逛建筑，零距离观赏近 7 万件文物，也是一座文化体验馆，按纹样或颜色，串联起不同朝代、不同品类的文物，来一场主题畅游，让"线上随时随地，线下身临其境"的文旅体验有机融合在一起。故宫博物院端门数字馆恢复开放参观，目前在网上故宫博物院门票预售系统进入"端门数字馆"专区就可以免费预约。现场预约同时开启，"临时起意"想来看展的游客可以在端门东侧马道入口处咨询。端门数字馆落成于 2015 年，是国内第一家将古代建筑、传统文化与现代科技完美融合的全数字化展厅。同时，这里也是端门的常设数字展，让观众运用 AI、VR、语音图像识别等多种先进技术，通过大型高沉浸式投影屏幕、虚拟现实头盔、体感捕捉设备、可触摸屏等，利用数字建筑、数字文物来理解故宫博物院的历史、藏品和背后的文化。

2. 科普教育

北京市科学技术研究院通过展览展示、科普大篷车、球幕影片、科技讲坛等进入校园。双方还将联合组织师生到北科院科普单位开展实践活动，组织开展研究性学习；联合开展科技创新人才培养，为北京学校"兴趣小组""科普剧"等相关特色社团及夏令营活动提供支持；联合开展教师培训活动，提升教师和科技辅导员的科学素养；共同举办面向副中心的特色科普活动或展览展示等，发挥社会教育协同作用，传播创新发展理念。

3. 红色研学

"红色旅游"热度不减，参观红色遗址，回忆革命之路，这种在旅途中发扬文明、增长见识的旅游形式，成为除观光休闲游之外的一个新热门。红色旅游也因其特殊性质，不仅能满足人们对远方的需求，更能引发当下生活在繁荣社会的人们来缅怀先辈，追忆革命历史，打造精神高地，塑造社会价值观。中青旅发挥文旅综合优势，结合京城革命旧址、名人故居、博物馆、纪念馆等丰富的红色资源、历史文献、民间传说等红色文化，以"革命故事 + 互联网"的形式，充分利用 VR、AR、3D 展示、智慧地图、短视频等科技元素，搭建线上传播矩阵，通过打造北京红色全域旅游数字化、智慧化平台，设计上线覆盖老中青三代的热门旅游路线，帮助广大网友进一步了解北京红色文化，领悟红色内涵，学习红色精神，为北京红色旅游宣传推广插上科技的"翅膀"。还将以举办红色讲解员大赛、红色文创产品征集、活动微纪录片等多元化形式，呈现目的地或景区的红色历史、红色故事，将红色时光、光辉时刻、璀璨人物等内容，通过图文、视频、音频以及文创产品等方式展示出来，让不同年龄层的用户都能了解红色历史、领悟红色精神。充分运用不拘泥于静态的陈列和多媒体展示，以创新形式让旅游者对北京的红色内涵产生共鸣，吸引更多游客来北京，做强红色旅游，讲好红色故事。

二　北京科技休闲发展存在的问题

（一）文旅融合程度尚浅

随着人们对精神生活需求的提升和游客主体不断年轻化，旅游业发展进入了体验经济时代。在新形势下，要用年轻人喜欢的文化内容和表达方式，增强游客的感官体验和思维认同，从而打动年轻消费者，最终实现体验经济的目标。然而，目前科技休闲产业的业态仍然相对单一。虽然很多展演结合的项目里，音效、影像、机械装置以及 AR、VR 手段的运用，有通过利用科技丰富和深化旅游体验，但这些主要以沉浸式体验项目为主，人工智能等技术的应用场景仍然相对较少。以前人们去博物馆主要通过看展品来了解文化，如今人们已不再满足于只能"看"，游客的体验性、互动性新需求必须通过 VR、AR 等科技手段来实现。尤其是年青一代用户更加追求旅游的体验化、移动化、深度化和品质化，可与科技休闲产业融合的产业类型多、辐射行业广泛、融合比较深。但目前，科技休闲产业中的文旅融合程度尚浅，产业链发展仍未成熟，尚处于视听体验的阶段，对于提升产业的发展水平和增加顾客黏性方面仍存在较大的局限性，不利于其长期可持续发展。

（二）体量相对较小

截至 2019 年全国沉浸式娱乐体验项目仅为 1100 项，这个数字仍然是相对较低的，尤其是对于市场需求而言，仍然存在较大的供给缺口。目前，科技休闲产业项目的体量较小，服务的受众群体也相对较单一，距离产业繁荣发展仍存在一定的差距。这严重影响科技休闲产业规模的扩大和集聚，长远来看，不利于科技休闲产业的规模化发展，同时影响科技休闲产业链条的扩展及其与其他产业间的融合发展。服务质量较差，过度牟取利润的行为突出。由于科技休闲产业与科学技术的联系远远比其他产业紧密，又具有产业特殊性，发展速度和规模也不同于一般旅游业，往往受限于科技发展水平与科技转化应用的情况，科技旅游休闲、科技教育休闲等虽实现了一定程度的发展，产业融合发展的契合点已经具有，但深层次的融合以及大规模的产业化发展仍然具有一定的困难。

（三）缺乏专门人才

科技休闲产业人才培养与问题研究滞后于其产生与发展。没有相称的人才就难以对产业的发展和道路研究产生深远意义。由于科技休闲产业技术水平要求较高，且服务内容构成多元化，其人才需求多元化问题突出。努力打造精品产业并促进其快速发展，则需要具有交叉学科知识产生交互影响，不仅涉及休闲管理，也需要有科学技术应用能力及开发能力的相关素养，在知识层面和应用层面都要积极开展科技与休闲产业的深度融合。由于科技发展速度较快，相关专业人才往往聚集于高新技术产业，真正从事休闲产业发展的专业技术人才并不多，这也导致了人才需求方面存在巨大缺口，尤其是对于既懂休闲产业又懂新技术应用的专门人才的需求量极大。科技休闲产业是一个综合性强、跨界性广、文化含量高的现代服务型产业，大部分休闲项目和产品主打深度体验、创意设计，自身具有竞争激烈、易受流行趋势影响的特点，是资源、资本、技术、艺术、服务的综合体，其中人才是最稀缺的要素。大型科技休闲项目动辄上亿元的投资，涉及众多专业、技术、艺术领域，需要文案策划、景观设计、编剧导演、后台开发、品牌营销等多方面人才，还需要景区管理、游乐设备运营等大量熟练的科技人才。技术与休闲产业交叉领域人才的匮乏导致了科技休闲产业的科技转化速率较低，新技术的应用也产生延迟，严重影响科技休闲产业的长足发展。

（四）政策导向性较低

政策引导对于科技休闲产业的繁荣与发展具有重要的推动作用，然而目前针对科技休闲产业的专项扶持政策较少，扶持力度也相对较小。针对科技休闲产业与其他产业关联性不强，产业经济网络结构逐渐复杂化，空间结构不均衡，市中心相对密集、周边网络相对稀疏的格局和现状，应积极采取政策性的引导。虽然目前针对文化旅游产业数字化、文化遗产数字再现、旅游资源智能化管理等方面的政策较为丰富，但真正针对科技休闲产业的相关政策的导向性依然较弱。对产业融合、产业发展的规划和引导力度不足。尚需积极发挥政府引导在现有格局下的政策导向作用，坚持多核引领的科技休闲发展模式，协调中心与外围文化资源的利用和开发，推进跨区域科技文化旅游合作，重点解决科技休闲发展不均衡的问题，促进科技休闲经济均衡化发展。

三　北京科技休闲发展对策

（一）增进文旅产业深度融合发展

新技术是当今经济社会不可或缺的重要手段，拓展对新技术的应用不仅能最大限度地了解消费者需求以达到节约成本的效果，同时也能扭转现今信息不对称引起逆向选择的市场资源配置扭曲的现象。在现今的科技休闲市场中，产品供给大多与消费者期望相背离。进一步提高文化和休闲旅游产业的深度融合发展，是科技休闲产业发展的必由之路。作为文旅新业态，夜间旅游正迎来新的发展机遇，如何借助科技手段提升人们的夜游体验已成为科技休闲产业加深文旅产业融合的重要途径。夜游是一种全新的体验模式，仅增加夜间城市的亮度并不等于打造夜游场景。有了适应夜游经济发展的技术设备等客观条件，还要有吸引游客参与夜游的核心文化元素，"夜游如果完全是视觉秀就没有生命力"。而打造满足游客需求的夜游产品，核心就是将影像技术和当地的文化内核深度融合，从而使每一位游客产生精神和文化共鸣。文旅产业与高新科技融合发展已经成为推动传统文化和旅游产业升级、功能重组和价值创新的重要手段。未来，文化科技融合将驱动文化和旅游产业创新发展，文化旅游新兴消费产业集群的市场空间非常巨大，每个城市都需要推动文化与科技融合，驱动文旅体验经济，更好满足人民精神文化生活的新期待。

（二）丰富科技休闲业态

推进供给侧背景下的科技休闲产品的多样化和个性化，有效细分目标市场，丰富科技休闲业态。供给侧结构性改革是当今旅游市场改革的总基调，科技休闲市场的发展也必定基于此，在供给侧背景下，科技休闲产品的质量提升和内涵提升成为业态丰富的焦点，如何打造符合各个年龄阶段游客满意的消费产品成为科技休闲产业不可忽视的环节。目前，大型文旅集团都拥有大量核心自主知识产权及专业技术人才，实现 VR 技术与知名 IP 的深度融合，开发互动式体验项目；从类型来看，特种类型主题公园品牌已初步形成，主题公园种类和收益渠道日益多元化。与投资巨大、科技含量高、富有时代气息的主题乐园相比，一些小体量的科技休闲项目大多依托古代建筑、自然山水，产品表现方式简单，产品附加值低，后续资本投入不够，科技含量不高，项目体量不大，同质化景观对游客吸引力不强，项目发展规划整体相对滞后。科技休闲商品市场正呈现出业态单一、体量较小的状态，科技休闲产品应在最大限度内发挥多样性、个性化理念，告别陈旧模式，以模块化的产品组合使各年龄阶段消费者都能最大限度地深度体验科技休闲产品带来的美好体验，完善跨市场调动资源，打造复合型精品旅游产品。旅游企业在打造产品时也不应再以统一的出发点设计产品，而应注意满足不同消费者的不同消费目的和消费需求，在合理选择目标市场的前提下进行精确的产品定位，改变目前宽泛定位的状态。

（三）培育科技休闲管理专业人才

打造融合交叉学科，培育行业专需人才。目前科技休闲产业所需要的复合型专业高级人才在高校培养方面尚有不足。多个学科体系下都涉及相关素养，但不同学科跨度大、知识层面广，尚未有综合性的人才培养方案。任何行业的创新都将以人才为起点，没有人才的产业融合升级便无从谈起，在文旅融合的大背景下，科技休闲产业的融合发展要求社会必须以发展的眼光促进人才培养，而进行人才培养的前提则是进行完备的学科体系构建，因此当下对于科技休闲产业发展的研究和体系构建尤为重要。从决策层次看，要打造科技休闲旅游发展智库，在现有研究咨询机构的基础上，立足北京，放眼全国，加强与国家级文化旅游机构的课题合作，进一步整合理论研究、旅游规划、市场营销等各方面智力资源，为政府、企业的战略决策提供高质量咨询服务及全方位的智力支持。从管理层次看，要继续优化产业人才结构，提高中高级管理人才比重，加大对旅游策划、职业经理人、资本运作等高端人才的支持力度。依托北京高校旅游教育资源，建设高标准产学研基地，改革科技休闲教育的机制、内容和方法，针对主题乐园、特色小镇等新型科技休闲文旅项目的运营需要，重点培养一大批实用技能型人才。加强文化旅游业人才队伍建设，分门别类建立人才信息档案，完善人才交流信息网络平台，促进旅游人才的合理流动和有效配置。从执行层面看，要完善科技休闲培训体系，建立完善科技休闲从业人员岗位培训、资格认证、技能考核、级别认证等制度，通过举办科技大赛、导游大赛、服务技能大赛等活动，不断提高从业人员的服务意识和水平。

（四）强化政府及政策导向作用

作为综合性的经济产业，科技休闲市场潜力巨大，经济效益可观，在产业政策的制定及具体问题的解决上，应该给予一定的倾斜支持，并保持政策的连贯性和前瞻性。宏观调节与市场杠杆共同发力，事业产业协同发展。旅游休闲产业的发展是满足人们日益增长的休闲需求的关键，因此产生出不同于一般产业的特殊性质。在这种情况下，单凭以市场调节为主、以宏观调控为辅的一般管理机制进行管理就会派生出产业链问题。因此，有必要在宏观调控理念引导下将事业与产业相结合，不光注重经济利益的取得，还必须兼顾社会效益。政府应加大对科技休闲产业的扶持力度，对具有成熟体系的科技休闲项目给予政策倾斜，提供政策性保障，划拨专项资金对科技休闲产品中富有前景但市场份额低的项目进行帮扶，对于已经形成体系但存在规范化问题的企业积极合理引导。要加强财政保障，积极争取并合理分配专项建设基金、科技休闲发展基金，重点扶植发展一批重大文化科技休闲项目；要加强金融保障，大力支持科技休闲企业在各类资本市场上市融资，加大对小微科技休闲企业和文化科技休闲企业的信贷支持力度；要加强用地保障，全面落实国家部委相关意见，出台支持文化科技休闲业发展用地的一揽子政策，优先保障重大科技休闲项目及相关基础设施的建设用地。在官方指导下指引相关政府部门进入科技休闲产业，打造具有创新性和吸引力的旅游产品，引导消费者形成正确的消费模式。

Ⅲ 专题篇

7 海淀区休闲产业发展研究

翟向坤 郭 凌 孙静敏*

摘 要 | 作为独特的人文与自然交融之地，海淀区休闲资源丰富。近年来，海淀区休闲产业持续稳定恢复，发展势头良好。本文在对休闲产业进行科学界定及从休闲旅游业、休闲文化娱乐业、休闲体育产业等业态进行现状分析的基础上，通过 SWOT 分析表明海淀区休闲基础设施建设日益完善，居民休闲消费持续升级，休闲经济发展活力十足，但战略定位不明、产品吸引力不足等问题仍需各方关注。鉴于此，各路径主体需协力助推海淀休闲产业走向高质量发展：提高城乡居民的收入水平，完善社会保障制度；创新休闲消费产品，增加休闲消费有效供给；加强组织管理，健全完善政策体系；切实做好规划编制，规范休闲产业管理；倡导个人和社会树立健康休闲观；充分借助国内外盛会契机，大力发展休闲产业。

关键词 | 休闲产业 休闲旅游 休闲消费 海淀区

海淀区位于北京城区西部和西北部，东与西城区、朝阳区相邻，

---

* 翟向坤，中国劳动关系学院酒店管理学院教授，研究方向为旅游安全、旅游休闲、旅游产业规制；郭凌，四川农业大学商旅学院教授，研究方向为旅游休闲、旅游产业规制；孙静敏，四川农业大学商旅学院 2021 级硕士研究生，研究方向为旅游休闲、旅游产业规制。

南与丰台区毗连，西与石景山区、门头沟区交界，北与昌平区接壤。作为独特的人文与自然交融之地，海淀区休闲资源丰富。

休闲领域著名学者马惠梯认为，休闲产业是工业化社会高度发展的产物，发端于欧美，19世纪中叶初露端倪，20世纪80年代进入快速发展的时期。笼统地讲，休闲产业是指与人的休闲生活、休闲行为、休闲需求（物质的、精神的）密切相关的领域。特别是以旅游业、娱乐业、服务业和文化产业为龙头形成的经济形态和产业系统，一般包括国家公园、博物馆、体育运动场馆、运动项目、设备、设施维修、影视、旅游交通、旅行社、餐饮业、社区服务以及由此连带的产业群。本报告则认为，休闲产业是以休闲旅游业、休闲文化娱乐业、休闲体育产业为支柱的产业，伴随其他各类为休闲活动服务的产业在内的综合性产业集群。故本文对休闲产业的分析围绕休闲旅游业、休闲文化娱乐业、休闲体育产业展开。

一 海淀区休闲产业发展现状

（一）休闲旅游业发展现状

1. 旅游资源丰富

首先，海淀区历史文化资源丰厚，以清代皇家园林为代表的三山五园是中国乃至世界的文化遗产富集区。2021年，为了促进全区文物保护体系的提质升级，海淀区亦创建了三山五园国家文物保护示范区。其次，科教资源密集。海淀区聚集了清华、北大、人大等国内顶尖高校，中科院等国家级科研院所，为海淀区的科教旅游与研学旅行发展奠定了得天独厚的优势地位。再次，海淀区休闲生态资源丰富，"山、水、林、田、湖"生态系统和谐完整，百望山、妙高峰、凤凰岭、阳台山等散落在西山屏障，玉渊潭、昆明湖、南水北调调节池、京密引水渠、翠湖湿地横贯区域南北，城市绿化覆盖率接近53%，成为人们生态休闲度假的首选胜地。截至2021年10月，海淀区已累计开放供市民游客休憩游玩的公园绿地、风景林16处，总面积达133公顷。最后，区内特色旅游资源具有较高知名度。如"大西山"地区旅游地、以香山革命纪念地为代表的红色旅游地、"两个文化带"旅游资源等在北京及周边地区知名度非常高。

2. 旅游业经济发展活力十足

2018～2020年，海淀区旅游收入在全市16个区中排名第四。另据《全国市辖区旅游研究报告2021》，海淀区是2020年全国市辖区旅游总收入超过500亿元的仅有的8个区之一。

2021年海淀区旅游经济恢复态势良好，旅游收入及接待人数均保持稳定增长。旅游收入中，第一季度海淀区旅游收入148亿元，同比增长182.6%，两年平均增长54%；第二季度旅游收入178亿元，同比增长125%，两年平均增长28%；第三季度旅游收入237亿元，同比增长44%，两年平均增长0.5%（见图7－1）。

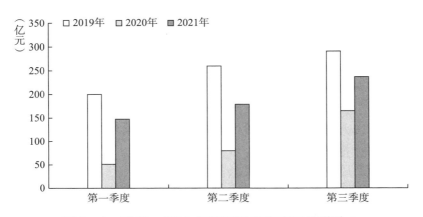

图7－1　2019～2021年前三季度海淀区旅游收入

资料来源：北京市文化和旅游局官网统计信息。

至于接待人数，2021年第一季度，海淀区旅游接待量为1479万人次，同比2020年该季度增长224%，近两年的平均增长为77%；

第二季度旅游接待量为 1479 万人次，同比 2020 年该季度增长 72%，近两年的平均增长为 6%；第三季度旅游接待量为 1222 万人次，同比 2020 年该季度增长 14%，近两年的平均增长为 −19%（见表 7 − 2）。

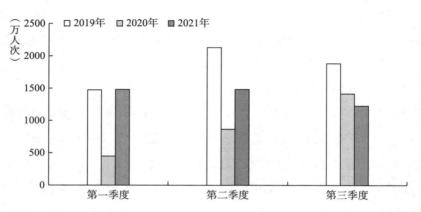

图 7 − 2　2019 ~ 2021 年前三季度海淀区旅游接待量

资料来源：北京市文化和旅游局官网统计信息。

3. 休闲旅游新业态不断涌现

疫情防控常态化时代休闲旅游业经济逐步恢复，旅游与科教、互联网、体育等领域的深度融合催生了若干休闲旅游新业态，如研学旅行、"互联网 + 旅游"、冰雪旅游等。海淀区利用区内优质高等学府、科研机构、高新技术企业的资源优势，通过资源整合，催生了诸如研学旅行等新业态发展。在与互联网融合方面，海淀区通过建立大旅游资源库、开通一部手机游海淀，吸纳百度、千龙网、去哪儿网等，亦催生了众多旅游新业态。

（二）休闲文化娱乐业发展现状

1. 公共文娱设施初步建成

2019 年，海淀区获评国家公共文化服务体系示范区。2021 年，则进一步完善了设施网络建设，完成了北部文化中心图书馆二期、评剧团办公楼改造、集成电路产业园图书馆等重点设施建设。2017 ~

2021 年，海淀区投入 75 亿元新建公共文化设施 20.5 万平方米，在全区 29 个街镇均开设综合文化中心，612 个社区均开设文化活动中心，初步形成类型齐全、架构合理、区域均衡发展的设施新格局。

2. 休闲文娱活动供给日益丰富

海淀区通过持续提升优质公共文化产品的供给能力，业已形成分类供给的文化活动品牌体系。2021 年，海淀区通过采用线上线下相结合的方式，不断推出公共文化产品，提供了百余场高品质的文艺演出，惠及群众超过 400 万人次。同时，为向建党百年献礼，海淀区亦开展了主题鲜明、参与广泛、形式多样的特色主题文娱活动。为贯彻落实"两新两高"战略，海淀区的文娱活动还着力营造浓郁的文化氛围，展示了具有海淀特色的、活力十足的城市形象。

（三）休闲体育业发展现状

1. 体育公共服务体系不断完善

2021 年，海淀区政府深入贯彻落实我国的体育建设战略，在财政资金方面投入了 2.8 亿元用于保障体育事业发展，在疫情防控形势严峻的情况下，尽力为群众的体育活动提供平台和机会。新建多功能运动场地 32 片，更新全民健身路径 303 套；整改全民健身团队评选考核机制，评选优秀团队 500 个，指导创建全民健身示范街镇 6 家；丰富社会体育指导员队伍，10 个运动项目中新增体育指导员千余名。

2. 蓄力建设高端体育消费城市

2021 年，海淀区坚持开展公共体育活动，全年多次组织市级比赛活动和全民健身体育节系列活动。西山滑雪场亦着力完善配套设施，开展了诸如"滑雪分享会""假日亲子游"等活动。区内体育科技企业亦充分挖掘潜力，推出"科技＋体育"模式助力休闲体育消费升级。值得一提的是，在《北京培育建设国际消费中心城市实施方案（2021～2025 年）》中，体育作为关键词先后出现 30 余次，海淀区坚持通过休闲体育产业助力北京消费质量提升。

二 海淀区休闲产业发展的 SWOT 分析

（一）优势（Strengths）

1. 作为首都城六区的独特地位

海淀区是北京市乃至全国的经济、科教、人才强区，同时亦是首都功能主要承载区。2021 年，海淀区的地区生产总值为 9501.7 亿元，占全市生产总值的 24%。区内科研、信息、金融业占经济总量的 70% 以上，国家高新技术企业总量超过 1 万家，占全市的 37%，上市公司总数达 253 家，稳居全国地级市（区）之首。海淀区常住人口 313 万人，占全市总人口的比重为 14.3%。海淀区发达的经济水平和庞大的人口基数为发展休闲业提供了良好的经济基础和发展潜力。

2. 休闲资源总量丰富，品质高端，类别众多

海淀区位于华北平原的北部边缘地带，地理资源十分优越，水系湖泊数量、森林覆盖面积占比位于全市前列，居民的人均公园绿地面积接近 14 平方米，各级绿道总长度 195 公里。拥有著名的以皇家园林为代表的三山五园旅游景区以及离北京市区最近的西山、鹫峰等国家森林公园等丰富的休闲资源。以苏家坨镇七王坟村为代表的休闲村落亦为海淀群众提供了良好的休闲游憩空间和生态产品。三山五园艺术文化中心、华熙 LIVE·五棵松等高端文化体验中心、西山高端休闲旅游区也逐渐成为民众休闲、游憩、健身的好去处。

3. 居民消费能力强，休闲需求量大

海淀统计微信公众号显示，2020 年区内生产总值 8504.6 亿元，居民人均消费支出 51198 元。2021 年区内生产总值达 9501.7 亿元，比上年同期增长 8.8%，两年平均增长 7.3%，高于全市 0.3 个百分点；居民人均消费支出 57482 元，比上年同期增长 12.3%，两年平均增长 0.8%。社会经济快速高质量的发展、居民收入提升和消费观念升级，使得居民休闲消费规模不断增加，休闲消费结构持续优化，休闲消费逐渐成为海淀经济增长的新动力。

4. 基础设施完善，休闲配套硬件设施丰富

海淀区横跨北京三、四、五环，城市基础设施完善，公共交通发达，共有各级市政道路 3000 余条，地铁线路 10 余条。海淀区是全国领先的科教文化区，汇集了优质的科技、教育、文化、医疗等资源。区内重点旅游景区、文娱中心、公共健身设施、生态公园等休闲场所类型丰富、数量众多。根据《北京市海淀区国家森林城市建设总体规划（2021～2035 年）》，海淀区着力建设生态宜居的高品质国家森林城市，森林 + 科技、园林 + 健身等复合型休闲设施亦逐渐建成并亮相，促进了海淀休闲空间的升级。

（二）劣势（Weaknesses）

1. 对休闲产业缺乏培育引导，战略定位不明

近年来，国家相继颁布了一些体育休闲、乡村休闲产业等休闲相关政策，但针对整个休闲产业的引领性政策仍较少。休闲立法亦尚处于起步阶段，行业内权利与义务相对应的规范尚未形成。此外，针对休闲产业的快速发展，社会支持力度仍相对较小。处在这样大环境中的海淀区休闲亦存在类似问题。

2. 休闲产品供给不足，不精不专，缺乏特色与内涵

海淀区休闲的整体需求和供给失衡，主要休闲供给层次不高，精神需求相对较高的文娱、研学产品供给相对匮乏。各行业提供的休闲产品大同小异，缺乏创新特色和文化内涵。休闲产品缺乏整体的品牌形象打造，缺少特色和竞争优势，无法满足休闲产业快速发展的形势和广大游客多样化、多层次的消费需求。

3. 整体休闲功能未能充分发挥，支撑体系不强

海淀休闲产业的结构布局失衡，休闲旅游业发展时间久且相对成熟，而文娱业、体育业等的休闲活动功能定位不明确，内容单一。完善的社会支撑体系是休闲产业健康持续发展的关键，但目前海淀区城乡发展仍不平衡，休假制度、休闲旅游人才的培养机制亦在不断探索优化中，休闲产业发展的支撑体系有待完善。

（三）机会（Opportunities）

1. 经济发展深度影响

（1）国家整体经济发展逐步恢复

2021年第一季度，全国国内生产总值（GDP）达24.9万亿元，比上年同期增长18.3%，两年平均增长14.3%。同期美、法、德、韩国家经济增长速度分别为0.4%、1.5%、－3.3%和1.7%。因得力的防控措施，率先复苏的中国经济为海淀区休闲产业的恢复发展奠定了坚实的基础。

（2）服务业快速反弹

据北京市统计局报告，2021年全年，北京市第三产业增加值为3.3万亿元，比上年同期增长9%，两年平均增长6%。而2021年前三季度，海淀区规模以上第三产业企业营业收入近3万亿元，比上年同期增长18%，两年平均增长8%。伴随着服务业的回暖反弹，海淀区的休闲产业亦开始振兴。

（3）居民生活总体改善

"十三五"期间，国内居民人均收支增长速度高于国内生产总值（GDP）的增长速度，国内恩格尔系数总体降低。据海淀区统计局数据，2021年全年区内居民人均消费支出57482元，比上年同期增长12.3%，两年平均增长0.8%。随着2021年海淀疫情形势的缓和、经济状况的改善，居民收入恢复提升，生活质量逐步改善，休闲消费需求亦不断增加。

2. 发展格局不断调整

（1）经济发展格局新要求

2020年4月，国家首次提出构建以国内大循环为主体、国内国际双循环相互促进的新发展格局。[①] 2021年3月，国家亦明确要求顺应居民消费升级趋势，发展服务消费。[②] 经济新发展格局要求国家经济发展的方向和策略都要有新的改变，而这亦给海淀休闲产业的发展带来了更多机遇。

（2）休闲产业新机遇

1999年开始实施的"黄金周"制度，2001年国务院提出的要把国内旅游放到发展的重要位置等举措，奠定了国内旅游业的主导地位及在扩大内需中的积极作用。2010年，国务院提出要显著增加居民的人均体育消费，较快发展体育服务贸易等目标。[③] 2019年，国务院亦提出要持续发挥体育、旅游、文化等休闲产业在扩大内需中的关键作用。国家在重要节点实施的一系列举措，为海淀休闲产业的发展创造了有利的条件。

3. 发展政策陆续出台

（1）国家的"十四五"规划

2021年3月，《中华人民共和国国民经济和社会发展第十四个五年规划和2035年远景目标纲要》出台，其中亦涉及旅游休闲产业：完善节假日和带薪休假制度，深入发展大众、智慧旅游，建立服务质量评价体系，在文化休闲产业实施数字化和品牌化战略，以及在体育休闲产业完善全民公共健身服务体系，扩大体育消费，发展健身休

---

① 《中共中央关于制定国民经济和社会发展第十四个五年规划和2035年远景目标的建议》，《人民日报》2020年11月4日。

② 《中华人民共和国国民经济和社会发展第十四个五年规划和2035年远景目标纲要》，《人民日报》2021年3月13日。

③ 《国务院办公厅关于加快发展体育产业的指导意见》，《环球体育市场》2010年第2期。

闲、户外运动等体育产业。①

（2）典型的政策文件

2021年的国务院《政府工作报告》中着重强调要发展文化、旅游、健康、体育等服务消费。2021年3月，文旅部、国家发改委和财政部发文提出要推动公共图书馆、文化馆、博物馆、美术馆、非遗馆等功能融合，提高综合效益。同年8月，《北京市海淀区"十四五"时期生态文明建设规划》中亦提出要提高公园绿地500米服务半径覆盖率，为人民群众提供多样化的休闲场所。而2021年6月出台的《北京市海淀区国家森林城市建设工作实施方案（2021年~2023年）》也提出要推进北部生态绿心、中关村体育公园等大尺度休闲空间建设。

4. 休闲需求持续增长

（1）现实的休闲需求

2020年12月，中国社会科学院旅游研究中心与腾讯集团联合发布《中国国民休闲状况调查（2020）》，调查显示民众日益重视休闲对生活的影响，休闲活动内容亦丰富多样。随着居民收入水平提高和疫情的缓和，海淀区居民休闲消费需求亦日益旺盛，而陆续建成开放的新型休闲场所、休闲产品也激发了本地居民的休闲需求。

（2）未来的休闲潜力

未来，新兴群体的休闲需求潜力将愈发得到重视，比如，约占休闲市场1/5份额的老年休闲市场。事实上，老年人的旅游需求增加量日益明显，且伴随"60后"群体步入退休行列，老年休闲消费将向更高层次发展。又如亲子休闲市场，携程旅行2021年初公布的《2020年中国亲子游消费趋势报告》显示，对比其他类型的主题游，疫情防控常态化背景下的亲子游市场恢复状况良好，出游需求增长迅

---

① 《国务院办公厅关于进一步激发文化和旅游消费潜力的意见》，《中华人民共和国国务院公报》2019年第25期。

速。而这些亦为海淀区休闲产业提供了广阔的发展空间。

5. 消费市场逐步恢复

（1）休闲旅游消费市场

2022 年 1 月 24 日，文化和旅游部发布 2021 年度国内旅游数据情况。根据国内旅游抽样调查统计结果，2021 年，国内旅游总人次 32.46 亿，比上年同期增加 3.67 亿，增长 12.8%，恢复到 2019 年的 54.0%。2021 年，国内旅游收入（旅游总消费）2.92 万亿元，比上年同期增加 0.69 万亿元，增长 31.0%，恢复到 2019 年的 51.0%。另外，北京市文化和旅游局数据显示，2021 年北京市游客接待量共计 2.55 亿人次，旅游收入 4166.2 亿元，同比分别增长 38.8% 和 43.0%。可见，2021 年包括海淀区在内的休闲旅游消费市场逐步回暖，复苏态势总体乐观。

（2）休闲文化消费市场

随着经济社会健康快速发展及疫情逐渐平稳缓和，2021 年文化产业市场逐渐回暖，众多新业态蓬勃发展。北京市统计局调查数据显示，2021 年，规模以上文化及相关企业营业收入 17563.8 亿元，从业人员平均人数为 64.0 万人，同比分别增长 17.5% 和 4.8%。包括海淀区在内的文化行业恢复势头良好，休闲文化消费市场全面恢复振兴。

（3）休闲体育消费市场

受疫情的影响，休闲体育市场转至线上领域，Keep 运动报告显示，2021 年春节 Keep 活跃用户量同比提升 46%。同时，疫情亦唤起了民众对户外运动的热情，2021 年春季迪卡侬销售报告显示，露营产品的销售量超过 2019 年同期。海淀区休闲体育消费市场亦然。

（四）威胁（Threats）

1. 周边其他地区分流客源的威胁

随着北京市休闲产业发展的加快，各区休闲开发力度大幅提高，与海淀区相邻的各区休闲产业发展亦十分迅速。特别是东城区故宫博物院、天坛公园，西城区景山公园、恭王府，朝阳区北京奥林匹克公园等著名休闲文娱场所吸引了大量居民及游客，对海淀区的休闲客源分流明显。此外，随着交通条件的便捷，市区居民的休闲活动亦流向北京市郊、天津、河北等地区，对海淀区休闲客源的增长造成一定威胁。

2. 休闲资源无法有效利用，导致吸引力不足

休闲化、多功能化是休闲资源的发展方向。但目前，海淀区基本只存在单一功能的休闲场所，如旅游景区、文化公园、体育馆等，对游客的吸引程度有限，使游客休闲体验感单一。此外，海淀区的休闲资源仍未得到充分利用，休闲品牌集中度总体不高，亦会导致海淀区休闲场所缺乏相关领域的核心竞争力。

三　海淀区休闲产业发展对策分析

（一）提高城乡居民的收入水平，完善社会保障制度

1. 继续吸引科创企业投资入驻，带动居民收入提升

疫情防控常态化背景下，海淀区应继续稳定经济增长，促进居民收入稳步递增。在此过程中，应牢牢把握国家科技创新中心定位，充分发挥中关村科学城在科技创新中的关键作用，用好投资和贸易便利化等优势，吸引科创企业投资兴业，从而带动海淀区高质量就业，进而持续提高居民收入水平。

2. 完善再分配制度，增加低收入人群可支配收入，推动乡村振兴

截至 2021 年 10 月，海淀区下辖 22 个街道、7 个地区，兼有山地、平原，地区及城乡之间的收入差距仍相对明显。鉴于此，为了缓解不同地区、行业及城乡之间的收入差距，海淀区应大力推动实施乡

村振兴战略，提高农村低收入群体收入，注意开发该群体的整体发展能力，鼓励将可支配收入用于消费休闲产品和服务。

（二）创新休闲消费产品，增加休闲消费有效供给

1. 立足"需求型"消费特点，开发个性化休闲产品

海淀区应在调查了解各阶层各年龄段居民休闲需求的基础上，满足消费者个性化需求，有针对性地开发不同类型的、体现海淀特色的休闲产品。此外，亦应全面升级休闲产品功能，实现区域内文旅、互联网、会展等产业的深度融合发展，借此吸引新用户群体。

2. 加强引导规划，形成品牌竞争优势

海淀区政府部门及休闲相关企业应加强引导规划，打造休闲产品品牌效应，加大竞争优势。如持续扩大华熙 LIVE·五棵松模式的影响范围，融合体育休闲与餐饮、文化，强势打造体育主题消费集群，让居民感受到新生活方式带来的高端休闲体验，真正实现"艺术＋生活"。

（三）加强组织管理，健全完善政策体系

1. 结合国家发展战略，制定休闲产业发展政策

在积极响应国家相关发展战略的基础上，海淀区政府及相关部门应持续发挥推动与引导作用，因地制宜制定休闲政策法规，有效地推动休闲产业供给侧结构性改革，推动休闲产业更加高效地运行和发展。同时，政府相关部门亦应落实具体的监督管理办法，确保相关政策与制度的真正落地实施。

2. 有效衔接各产业政策，促进产业融合发展

近年来，国家及北京市各级部门均陆续颁布了健身休闲、乡村休闲等产业发展的相关政策，海淀区政府及相关部门应认真学习、吸收政策的核心思想，以衔接产业发展内容，推进产业深度融合发展。同

时，亦应推进休闲产业与第一、第二产业的结合，推动城乡产业融合，以提高休闲产业的发展韧性。

（四）切实做好规划编制，规范休闲产业管理

1. 政府部门发挥引领作用，规范休闲产业高质量发展

海淀区政府部门应做好顶层设计，引领规范休闲产业逐步向高质量转型，加快线上线下融合发展，推动科教研学、文娱体育、生态康养等产品和服务的提质与消费扩容。同时，亦应对区内发展相对落后的产业给予政策和资金上的支持，促进海淀区各产业及休闲各环节的均衡、可持续发展。

2. 大力培养高端休闲产业从业人员

当前的休闲产业，高端休闲从业人员及管理人才是较为匮乏的，海淀区亦然。故海淀区应注重休闲人才的培养，建立健全相应的培养机制（如出台人才引进政策、培养基层骨干精英等），确保休闲产业高端人才供应，提升各层次从业人员的素质与服务品质。

（五）倡导个人和社会树立健康休闲观

1. 强化休闲教育，发挥多元主体对休闲教育的引导功能

海淀区政府应充分利用各类型教育资源和多元化路径加强群众的休闲教育，加大休闲教育投资力度，鼓励高等院校开设休闲相关专业；同时，区内休闲企业亦应加大员工培训力度，有针对性地培养休闲高素质人才。

2. 引导科学健康的休闲理念，形成积极的社会休闲方式

海淀区应通过宣传教育引导居民树立符合当代核心价值观的休闲伦理及意识，使居民文明休闲、健康休闲。同时，亦应倡导社会休闲方式科学合理、健康高效。

（六）充分借助国内外盛会契机，大力发展休闲产业

1. 汲取世界休闲大会前沿思想，推动休闲产业的转型升级

2021 年北京召开的世界休闲大会为海淀区发展休闲产业发展提供了有利的契机，故应充分汲取大会"休闲提升生活品质"的核心思想，全方位展示休闲给民众带来的新变化，将休闲产业打造成满足人们美好生活需求的幸福产业。

2. 加大冬奥会效用对全民冰雪休闲的推动力

为贯彻落实《关于加快冰雪运动发展的意见（2016~2022 年）》，及完成带动 3 亿人参与冰雪运动的目标，海淀区自 2014 年起连续举办七届"海淀张家口冰雪挑战季活动"，借冬奥会良机，继续丰富全民健身冰雪休闲项目，大力推动了全区冰雪休闲产业的蓬勃发展。

8 平谷区休闲产业发展研究

王 欣 周 琳 胡 娟 邹明乐*

摘 要 平谷区作为北京市远郊区和重要的生态涵养区，依托生态优势和山水资源，休闲旅游发展较早，围绕生态主题打造产品形成品牌。近年来，平谷区进一步强化"生态立区"，落实"两山"理论，创新实践"高大尚"的发展理念，在成功获批和创建全域旅游示范区、国家森林城市等的基础上，成功举办世界休闲大会，并留下了一批休闲旅游产业发展示范成果。在新冠疫情的影响下，休闲旅游产业受到较大冲击，但围绕生态的区域休闲展示出较强的发展韧性。未来平谷区的休闲旅游产业应进一步解决产品、人才等问题，坚持发展定位，开拓发展格局，实现升级发展。

关键词 休闲旅游 休闲产业 世界休闲大会 平谷

* 王欣，博士，北京第二外国语学院旅游科学学院教授，中国文化和旅游产业研究院副院长，研究方向为文化旅游和旅游目的地管理；周琳，北京第二外国语学院旅游科学学院硕士研究生，研究方向为旅游目的地管理与旅游规划；胡娟，北京第二外国语学院旅游科学学院硕士研究生，研究方向为旅游目的地管理与旅游规划；邹明乐，北京第二外国语学院旅游科学学院硕士研究生，研究方向为旅游目的地管理与旅游规划。

一　平谷区休闲旅游业发展的基础

（一）京津冀重要的生态空间与首都"后花园"

平谷区在京津冀一体化发展格局中占据重要位置，处于北京、天津、唐山三大城市的核心位置。内连朝阳、接壤通州，外与天津蓟州区、河北接壤，与首都机场、天津海港距离适中，交通便捷，是京津冀发展走廊的重要通道。平谷区距北京市区约 70 公里，总面积 1075 平方公里，三面环山，中间为平川谷地，山区面积占 60%，总人口约 40 万，是典型的远郊区、生态涵养区，农业占据基础性地位。

丰富的山地地形、优美的山水风貌和广阔的田园空间，使得平谷区在首都和京津冀地区的生态环境优势十分突出，享有"京东绿谷""北京生态谷、都市桃花源"的美誉。目前平谷区的森林覆盖率超过 66%，居全市首位，在全国北方地区也属前列，获得了北京市首个"国家森林城市"称号。全区林果种植面积 41 万亩，其中桃树种植面积达到 30 万亩，被誉为"中国的桃乡"。平谷大桃和平谷桃花节已形成全国性农业和旅游休闲品牌。

（二）北京和中国乡村旅游发展的靓丽名片

平谷区以山水观光和乡村旅游为代表的休闲旅游产业起步较早，又经过多年的探索发展，走出了自己的道路，并已经初步形成了北京和中国乡村旅游发展的品牌。依托溶洞、峡谷、自然与人工水面、长城文化、宗教文化等优势资源，从 20 世纪 90 年代开始，平谷区的休闲旅游产业取得了长足的发展。

一大批 4A 和 3A 级景区在北京率先兴起，京东大溶洞、京东大峡谷、石林峡、金海湖、丫髻山、天云山等景区在北京市场占据重要位置。经过多年不懈发展，10 万亩桃林，春来落英缤纷，秋至硕果累累，"中国桃乡"已成为平谷区最亮的一张名片。金海湖、黄松峪等旅游特色乡镇发展模式初具雏形。万亩桃花海、千亩油菜花、百里梨花大道、碧波金海湖等众多休闲旅游目的地成为旅游网红打卡地。

在自然景观优势基础之上，平谷区可利用的文化资源也较为丰富。10 万年人类活动史、5000 年历史的轩辕文化、3000 年历史的青铜文化、2200 年历史的建置文化、1000 年历史的道教文化和 600 年历史的长城文化在平谷交融绽放，轩辕台、石长城、冀东抗日根据地旧址等历史文化遗址散布区内。在第三次全国文物普查中，全区共登录不可移动文物 183 项，包括古遗址 67 项、古墓葬 43 项、古建筑 35 项、石窟寺及石刻 10 项、近现代史迹及代表性建筑 28 项。平谷区同时也是"中国奇石之乡"、"中国书法之乡"和"中国提琴之乡"。皮影戏、画糖人、民间文学、捏面人、唱跷、古御路、弦索十三套、桃木雕刻、灯花老会等民俗非遗资源也得到了较好的保护和初步利用。

二 平谷区休闲旅游发展态势与进展

（一）坚持生态立区，将"两山"理论落实到全域发展

平谷区毫不动摇地坚持生态立区、绿色发展，追求绿色经济创新发展模式。2005 年，习近平总书记提出关于"绿水青山"与"金山银山"关系的论述。2015 年，"坚持绿水青山就是金山银山"被写进《关于加快推进生态文明建设的意见》。2016 年，"两山论"被写入党的十九大报告和《中国共产党章程（修正案）》。2018 年，践行"两山"理念成为《中华人民共和国国民经济和社会发展第十四个五年规划和 2035 年远景目标纲要》的主要任务。在《生物多样性公约》第 15 次缔约方大会（COP15）上，平谷区正式获授全国第五批"绿水

青山就是金山银山"实践创新基地称号。示范区是统筹推进"五位一体"总体布局，落实新发展理念的样板。

2020年，平谷区成立了以区委书记、区长任组长的"两山"创建工作领导小组，印发实施了平谷区创建"绿水青山就是金山银山"实践创新基地工作方案、实施方案、年度计划等一系列相关文件。全区各部门、各乡镇各司其职，大力提升生态环境容量，全力发展生态经济，健全"两山"转化体制机制，持续加大对"绿水青山"的保护力度，加强"绿水青山"向"金山银山"的转化，用实际行动积极探索出"生态桥""平谷大桃""吹哨报到""农科创—京瓦中心"等具有平谷特色的"绿水青山就是金山银山"转化路径，坚持走生态富民、生态惠民的绿色发展道路。

平谷区委五届十三次全会指出，要主动服务北京"两区""三平台"建设，抓好"五子"联动工作落实，找准定位、明确任务，聚焦建设"农业中关村"，打造"农业中国芯"；服务新发展格局，打造首都物流高地；拥抱新消费新生活，打造世界休闲谷，积极探索"两山"理论转化路径，走出一条"绿水青山就是金山银山"的平谷道路。

按照《中共北京市委关于制定北京市国民经济和社会发展第十四个五年规划和2035年远景目标的建议》中对平谷区的功能定位，《平谷分区规划（国土空间规划）（2017年～2035年）》中明确平谷区"三区一口岸"的发展定位，坚持生态立区、绿色发展的理念，进一步坚定了守住绿水青山、迎来金山银山的发展自觉和发展自信，将休闲产业作为支柱产业，持续打造"山水平谷、森林城市、花果田园、人文胜地"的金名片。

2018年平谷代表北京获首个"国家森林城市"称号，在优越的生态环境基础上，平谷将首先加快花园式城市建设，构建"一屏、一谷、九河、多点"的绿色空间结构，并积极承接北京中心城区教育、医疗等优质资源疏解，打造宜居宜游、生态田园、运动休闲等多种类型的小城镇，并以举办世界休闲大会为契机，推进农旅、文旅等休闲产业发展，打造特色休闲及绿色经济创新发展典范。

（二）创新理念，创新发展

第一，创新"高大尚"的发展理念。2021 年 12 月 14 日平谷区第六届人民代表大会第一次会议召开。平谷区区长吴小杰在接受记者采访时表示，《政府工作报告》明确了"十四五"期间平谷区的发展路径，总结为"高大尚"。

所谓"高"，是指高科技，即建设中国·平谷农业中关村，打造农业"中国芯"；深化"金三角"模式，建设农业科技成果技术转化中心、国家（平谷）农业科学观测实验站和长期院士（专家）工作部；推动首农畜禽种业研发平台、中信农业种业创新平台、华智生物技术创新中心、拜耳耘远示范农场、正大国际研究院等农业头部企业创新项目落户。

所谓"大"，是指大流量，即打开服务新发展格局，打造首都特流高地，完善"大物流"实施路径，逐步构建平谷区现代物流业政策支持体系，推动"一站三场"（平谷铁路马坊站，京平物流枢纽北场区、中场区、南场区）建设。推进海陆空铁多式联运，打造立足北京、服务京津冀的物流高地。走港口服务内陆、内陆与港口融合发展的新路径，推动马坊公转铁物流枢纽成为国际贸易铁路运输系统中的重要节点，融入"一带一路"建设。

所谓"尚"，是指新时尚，即拥抱新消费新生活，打造世界休闲谷。整合自然景观、乡土文化、历史足迹等资源，建设高品质乡村休闲综合体。打造"两河"（泃河、洳河）休闲经济区，制定实施指导意见和三年行动计划，全线贯通两岸生态休闲绿道，推进重点区域和节点的规划建设。"高大尚"凝练体现了平谷"三个打造"的发展路径和发展方向，与北京市委市政府赋予平谷"三区一口岸"的功能定位高度契合。

第二，围绕新消费新生活，打造"世界休闲谷"。依托良好的休闲生态资源优势，平谷区全方位打造"飞天、戏水、登山、探洞"，春花、夏果、秋收、冬雪，四季皆宜，全时段、全方位的休闲旅游资源。北京·平谷世界休闲大会的成功举办为平谷区发展带来了新的机遇，有助于平谷区集聚政策、资金、人才等资源，打造休闲旅游主导产业，带动生态、基础设施、文化、公共服务等整体提升，提高国内外知名度，实现更高质量的发展。平谷区委五届十三次全会指出："要抓好场馆后续利用，做好世界休闲大会后半篇文章，服务北京新消费新生活，打造世界休闲谷。"平谷区委书记唐海龙在围绕特色休闲产业工作进行专题调研时指出，各政府部门要加强研究统筹，积极做好产业创新引领，持续优化营商环境，提供优质政务服务环境，助力休闲产业发展，拥抱新消费新生活，打造世界休闲谷。

第三，创建并深化全域旅游发展格局。2018 年国务院办公厅发布的《关于促进全域旅游发展的指导意见》（以下简称《意见》），是文化和旅游部成立后国务院出台的第一个关于旅游业发展的重要文件。《意见》的出台标志着全域旅游正式上升为国家战略，全域旅游工作将随着文化和旅游体制性障碍的打通获得更大的发展空间。2019 年 9 月 20 日，平谷区成功获批创建国家全域旅游示范区，极大地推动了平谷区休闲旅游产业迈向高质量发展的新阶段。《平谷区国民经济和社会发展第十四个五年规划和 2035 年远景目标纲要》指出，要坚持休闲旅游发展与生态涵养区功能要求、资源禀赋条件和基础服务承载能力相匹配，推动旅游与区域资源要素深度融合，高标准推动旅游要素和管理创新，塑造区域特色品牌，实现行业发展能级跃升。平谷区在世界休闲大会之后，继续举办中国（北京）休闲大会，持续打造金海湖会议会展小镇、购物消费小镇和全域旅游特色小镇，推动各功能节点完善成熟和功能提升。

第四，持续培育特色新业态。一方面，通过开展特色文旅活动提升休闲体验。利用深厚的文化积淀和丰富的人文景观，每年平谷区都会举办与观光、采摘、体验、竞技等相结合的多项文化旅游活动，春季有香椿文化节、国际桃花节、环长城100国际越野挑战赛，夏季有鲜桃采摘季、欧李采摘节，秋季有金海湖国际红叶节、三夫国际铁人三项赛、国际半程马拉松，冬季有冰雪嘉年华、京东文化庙会等活动，满足广大游客各种旅游休闲需求。北京平谷国际桃花节历经20多年的发展、转型和升级，现已发展成为中国知名地方节庆活动。平谷旅游产品已开发水上娱乐、峡谷观光、溶洞观赏、宗教文化、民风民俗、农业观光、休闲度假及青少年科普修学等多种特色文旅活动。另一方面，平谷区积极引进新业态，创新产业融合新模式，旅游项目不断升级，与时俱进，低空旅游、房车露营等新业态初步发展，"休闲、度假、健身"的特色越发明显。平谷区建成平谷马坊石佛寺通航机场，开通了首条环京津冀低空旅游航线。"桃花深处"汽车营地目前有10个不同文化主题内涵、开放式的汽车露营地群，游客可自由选择路线穿行各旅游区，成为适合国内游客品味并且与国际接轨的汽车露营地。在乡村旅游和精品民宿方面，平谷区通过文创"赋能"，激活农村闲置资源，涌现出以黄松峪乡金塔仙谷、夏各庄镇"馨米院"、刘家店镇"太极小院"、山东庄镇"橡树红了"、南独乐河镇"蜂巢居"、镇罗营镇"听风小院"等一批精品民宿，持续为乡村旅游注入活力。

在营销方面，突出网络媒体宣传，利用"互联网＋"营销模式，完善平谷旅游官方微信、微博等新媒体平台建设，拓展线上销售服务功能。并进一步扩大节庆活动内容和范围，做好"夏日绿谷清风季""秋日佳果情怀季""冬日纳福迎新季"主题活动及中国北京休闲大会的筹备、组织及相关工作，积极推广"休闲平谷"品牌形象。

（三）疫情下的坚持与发展

受新冠疫情影响，平谷区休闲旅游产业在从 2020 年起受到了较大的影响，但是乡村休闲旅游以其开放环境优势及本地市场特征，展现出了较强的韧性和恢复潜力。总体而言，2020 年前期休闲农业和乡村旅游主要指标均出现明显下滑，后期伴随着疫情防控举措的完善，从第三季度开始乡村旅游有一定恢复。2020 年全年观光园接待游客 237 万人次，同比下降 21.5%，总收入 20226 万元，同比下降 14.9%；乡村旅游接待游客 172 万人次，同比下降 49.2%，实现总收入 10879 万元，同比下降 47.1%。2021 年上半年，平谷区休闲农业与乡村旅游接待游客 81.3 万人次，同比下降 1%，较 2019 年同期下降 70%，实现总收入 9383 万元，同比增长 17%，较 2019 年下降 47%。

乡村旅游主要经营活动为提供餐饮、住宿服务，附带销售特色农产品等。2021 年上半年，部分旅游大镇治理人居环境、规范民俗户经营，游客接待能力受到影响，但在入住精品民宿的高端游客增长带动下，游客人均消费提升明显，进而推动乡村旅游总收入较好恢复。全区乡村旅游接待游客 60 万人次，同比下降 4.7%，人均消费 77 元，同比提升 19.3 元，增长 33.4%，实现总收入 4617 万元，同比增长 26.9%。乡村旅游仍以农家特色餐饮为主要运营模式，餐饮收入 3507 万元，占乡村旅游总收入的 76%，是经营户的主要收入来源。

观光采摘增长明显，接触式经营恢复较好。在全区 132 家观光园中有 23 家由企业、合作社、规模户独立经营，其余 109 家为散户聚合构成的观光园，合计占地面积 3.12 万亩，高峰期从业人员 5346 人，长期从业人员 2278 人，从业人员劳动报酬 1645 万元。2021 年上半年，疫情影响逐步消退，观光园主要指标平稳恢复，接待游客 21.3 万人次，同比增长 13.2%，总收入 4765 万元，同比增长 9.2%。观光园主要经营活动为果品、蔬菜采摘，通过线上、线下渠道销售农产品，同时提供餐饮、休闲等配套服务。采摘品类主要有南独乐河镇的"北寨红杏"、金海湖镇将军关村的樱桃、马昌营镇的有机蔬菜、山东庄镇鱼子山村的草莓等。现场采摘增多对线上、线下渠道销售农产品产生替代作用。

三　典型案例与重大事件

（一）文化赋能，新网红地标"桃花坞"

2018 年由国际著名建筑师马清运在平谷区发起了梯子峪村整村运营项目，力求创造一个有美酒、美宿，逃离喧嚣的美丽乡村——"桃花坞 Peach Grove"，实现"久在樊笼里，复得返自然"的田园慢生活。通过对村里的闲置老宅、废弃养殖地进行旅游设施开发，逐步形成桃花坞田园社区。桃花坞田园社区项目在 2020 北京·平谷世界休闲大会上荣获了大会"首届国际休闲生活方式案例奖"金奖。2020年 3 月，金奖项目正式落地梯子峪。2021 年"桃花坞"社区一期建成。通过新网络平台的推广，平谷桃花坞迅速成为新一代休闲旅游"网红"。

"桃花坞"项目设置了"三堂两庭一会"的公共空间，包含酵堂、食堂、礼堂、门庭、客庭以及会仓。"桃花坞"项目将盘活闲置资源，直接让村集体和农民成为直接受益人。村内原有搁置的 20 多间老房子也被逐个规划改造，形成一个舒适的、有内容的村落格局。梯子峪村因"桃花坞"项目一跃成为"明星 IP"加持的网红民宿。通过村民民宅出租、农用地出租、建设用地入股分红、带动农产品销售和旅游服务等收入，每年将为当地村集体增收 200 万元以上。

（二）世界休闲大会助力平谷旅游再上新台阶

2021 年 4 月 16 日，北京·平谷世界休闲大会在北京市平谷区金海湖国际会展中心盛大开幕。此次大会由北京市政府主办，市文化和旅游局、平谷区人民政府共同承办。作为世界休闲领域最高的学术盛会，本届大会以"休闲提升生活品质"为主题，邀请国内外休闲领域知名专家、学者和企业代表，交流世界休闲前沿学术成果，探讨休闲产业发展趋势，展示全球特色休闲产品，分享休闲领域经典案例，推动首都休闲业态蓬勃发展。大会采取"线上 + 线下"相结合的举办模式，共有 1 场主题为"休闲提升生活品质"的主论坛、14 场平行分论坛、中国（北京）国际休闲产业博览会及 9 项特色休闲活动。14 场平行分论坛聚焦休闲城市与城市化、休闲与创新、休闲教育与休闲文化、休闲旅游与接待、娱乐与休闲、青少年休闲、休闲与农业等 14 个休闲领域。

大会传播休闲理念，学术成果丰硕。大会主论坛上，联合国世界旅游组织执行主任祝善忠、世界休闲组织首席运营官克里斯蒂娜、国家发改委社会发展司司长欧晓理、故宫博物院原院长单霁翔等专家学者围绕"休闲提升生活品质"主题进行了演讲，对当前社会休闲产业发展趋势及休闲生活方式等进行了深入阐述。14 场平行分论坛聚焦休闲与人们生活紧密相关的内容。共有 162 位专家学者线上线下参加大会，发表学术观点，发布学术成果，大会共收到中外专家论文 342 篇，中外摘要 332 篇，所有论文和论坛视频均可线上浏览，使休闲理念得到广泛传播，成为休闲领域最具影响力的学术盛会。

大会形成"一个智库、两个报告、一个案例奖"四项成果。"一个智库"即成立世界休闲论坛·金海湖智库，金海湖智库是北京·平谷世界休闲大会的重要成果，旨在吸取社会各方面力量，传递国内外休闲领域最前沿的研究成果，为平谷乃至京津冀地区提供休闲产业发展智力支持。该智库聘任一批科研骨干、学术领军人物等知名专家学者，制定行业标准，探索研究休闲旅游发展规律，逐步推动中国（北京）休闲大会成为国内乃至世界知名的学术盛会。"两个报告"即发布《中国休闲城市发展报告（2020）》和《北京休闲发展报告（2020）》，指导休闲产业健康发展。"一个案例奖"即首届国际休闲生活方式案例奖，303个案例报名，最终评审出国际休闲生活方式案例奖金奖2个、银奖3个、铜奖5个。

同时，多家中外企业参展，促进了休闲旅游产业的交流发展。中国（北京）国际休闲产业博览会设置四大主题展区和三大功能性展区，共计邀请418家中外企业线上线下参展，所有展商借助"云上休闲大会平台"全面展示休闲产业发展动态，8万余人次线上线下参与博览会。据悉，博览会期间招商引资现场推介项目37个，投资贸易洽谈19场，云上休闲大会线上直播观看3万余人次，平谷区文旅局等单位与长春市文广旅局、北京经开综合智慧能源有限公司等7家企业签署战略合作协议8份，首都图书馆、华为、喜马拉雅等公司也明确表达出对平谷企业的合作意向，招商洽谈成果显著。

"办好一场会，搞活一座城"，大会期间，中国（北京）国际休闲产业博览会、平谷桃花节、丘比特爱情节、中国国际智力游戏挑战赛等活动进行了新闻发布。据统计，大会期间共吸引11万余名游客到平谷观光旅游，推动平谷休闲经济发展，助力平谷全域旅游示范区建设。大会举办地金海湖小镇集商业、旅游、文化、五星级酒店、精品民宿于一体，规划面积3平方公里，初步发展为会议会展特色小镇、购物消费小镇和全域旅游特色小镇。金海湖国际会展中心，承载着国内外重要会议会展、文化交流活动，是小镇重要的文旅地标。

四　未来发展

（一）面临的问题和挑战

1. 农业观光休闲同质化严重

近年来，平谷区不断整合卓越优质的农业资源，并结合其特点力推田园综合休闲体验、果蔬采摘种植体验，取得了一定的效果，促进了区域经济发展。但在平谷农业观光休闲发展中，其收入仍是以采摘收入为主，包括"农家院"吃住、采摘、赏花踏青、垂钓等，区域特色不突出，档次仍有待提升。而该类活动可模仿性可复制性强，容易形成大同小异的同质化问题，竞争激烈，与游客多样化、个性化需求不相适应。这需要充分挖掘整合平谷区农业休闲旅游资源，立足市场需求，适时推陈出新，打破原有产业模式，从"小、散、乱"向"高、大、尚"发展。

2. 高素质休闲产业从业人员缺乏

平谷区第三次全国农业普查结果显示，休闲农业和乡村旅游投资人的受教育程度普遍较低，大多数属于高中（中专）及以下学历，文化程度低在较大程度上会导致专业化水平低，进而会影响休闲产品的创意和科技含量。另外，这些投资人以当地人为主，缺乏外来资本的元素和动力，这些因素制约了平谷区高品质休闲产业的发展。平谷区政府应该积极引入国内外旅游休闲龙头企业，学习先进管理经验和技术，鼓励外来人员投资旅游休闲产业，促进经营主体多元化并充分利用北京丰富的优质高校资源，培养专业化休闲领域人才。

3. 休闲品牌形象不突出

总体而言，平谷区休闲旅游业形象多与桃花、大桃有关，其他休闲产品认知度不高，而目前围绕平谷大桃开展品牌形象的构建，其话题性弱，内涵较单一，对区域休闲品牌构建贡献有限。因此，要求地方政府着重在休闲品牌构建和推广上多想办法、多下功夫，以原生态为重点，以乡土文化为纽带，打造具有地方特色的休闲品牌，从而实现品牌的多元化发展，提高其知名度和影响力。

（二）未来方向

1. 落实功能定位，建设"高大尚"平谷

根据首都东部重点生态保育及区域生态治理协作区、特色休闲及绿色经济创新发展示范区、农业科技创新示范区以及服务首都的综合性绿色物流口岸的定位，平谷区要围绕深化"三区一口岸"功能定位，按照"高大尚"平谷建设的工作思路、任务目标和路径措施，持之以恒抓好落实，努力推动平谷在农业农村现代化方面走在前列，打造"绿水青山就是金山银山"的平谷范例。

2. 围绕"两河"开发打开大局面

洵河和洳河是平谷区域两条重要河流，未来平谷区将聚焦"一湖两河一带多沟多点"发展布局，重点推进洵河、洳河两岸休闲经济区建设，以"大旅游"视角优化整合现有资源基础，全线贯通两岸生态休闲绿道，推进重点区域和节点的规划建设，设计举办品牌活动，探索承载业态，打造全域旅游新消费新场景新名片，盘活周边农业、生态、体育等资源，加速功能、业态和效益高效集聚，打造引领绿色发展的生态休闲绿廊。

3. 把握机遇，升级发展

利用世界休闲大会后续效应及中国（北京）休闲大会的资源和影响，抓住冬奥契机，以乡村休闲旅游综合体为抓手，集中培育和推广休闲旅游新业态，形成新增长点，对接新市场需求。响应"带动三亿人参与冰雪运动"号召，将绿水青山和冰天雪地结合起来，努力打造

"冰雪一区一品"品牌。进一步鼓励以文创、艺术、精品民宿、运动、康养、夜间经济等为代表的新业态和新模式的发展，为社会资本和全民参与提供更好的环境和舞台，助力平谷休闲旅游向多元化、品牌化、集群化和年轻化发展升级。

9 北京市居民休闲消费分析

王琪延　杨仕雄*

摘　要 | 本文根据中国人民大学休闲经济研究中心 1996～2021 年五年一次的"北京市居民生活时间分配调查"数据，首先，讨论了现阶段居民的休闲消费特征；其次，探究了不同人口组别的休闲消费差异；再次，分析了居民休闲消费的历史趋势；最后，对国内外居民的休闲消费特征及影响因素进行讨论。研究表明，2021 年居民整体休闲消费水平提高，但休闲时间减少；居民旅游消费最多，公益消费最少，参与消遣类娱乐活动最频繁；男女休闲消费偏好差异大。

关键词 | 休闲消费　休闲旅游　北京市居民

一　引言

党的十九大报告指出，"中国特色社会主义进入了新时代，我国社会主要矛盾已经转化为人民日益增长的美好生活需要和不平衡不充

---

* 王琪延，中国人民大学统计学院教授，博士生导师，研究方向为休闲经济；杨仕雄，中国人民大学统计学院在读博士生，研究方向为经济统计。

分的发展之间的矛盾"。2021 年，我国已基本建成小康社会并取得了脱贫攻坚战的全面胜利。国家统计局的报告显示，2021 年我国 GDP 总量达到 114.4 万亿元，人均 GDP 达到 8.1 万元，分别较 2020 年增长 8.1%、12.5%；全国居民人均可支配收入达 3.5 万元，实际增长 8.1%；全国人均可支配收入中位数为 3 万元，增长 8.8%，这标志着我国国民经济的全面发展、综合国力的全面提升、民生质量的全面提高。第三产业增加值为 61 万亿元，占 GDP 总量的 53.3%，表明服务业是推动经济增长的支柱产业。消费是支撑服务业的关键因素，推动了经济增长。同样，经济增长也刺激了消费，二者之间存在拉力和推力的互促关系。《中国美好生活大调查》显示，2021 年国人消费意愿榜单前三名分别是旅游、保健、教育培训，占比分别为 33.2%、32.3%、31.3%。此外，调查还显示 2021 年国人日平均休闲时间为 2.8 小时，比 2020 年多 0.4 小时。经济增长和人民富裕为推动休闲产业发展奠定了基础。2021 年投入产出比为 2.1，较 2020 年增长 8.9%，说明生产效率提高，有助于释放更多的休闲时间，从而扩张消费空间。

本文从时间分配和消费的角度对北京市居民休闲消费的现状、组别差异、历史趋势进行探讨，分析中美两国居民的休闲消费差异。

二 居民休闲消费调查样本分布

本研究采用中国人民大学休闲经济研究中心调查的北京市居民生活时间分配数据。调查问卷分为两卷。第一卷记录了北京市居民的社会基本信息，包含 22 个问题。第二卷包含两部分：第一部分记录了居民参与各类活动的时间和消费支出，包括体育活动、兴趣娱乐活动、学习研究活动、公益活动和旅游活动；第二部分记录了居民在工作日和休息日的生活时间表，表中以每 10 分钟为一个单位，共 1440

分钟，总计 24 小时。本研究使用 2011 年、2016 年、2021 年的数据，
样本结构如表 9 - 1 所示。

表 9 - 1　样本结构

单位：%

变量		2021 年 $N = 1597$（个）	2016 年 $N = 830$（个）	2011 年 $N = 1106$（个）
性别	男	53.2	46.1	42.8
	女	46.8	53.9	57.2
年龄	19 岁及以下	1.4	4.2	1.5
	20 ~ 29 岁	40.2	34.2	35.7
	30 ~ 39 岁	25.4	21.9	22.5
	40 ~ 49 岁	7.9	11.1	10.3
	50 ~ 59 岁	15.3	17	23.8
	60 岁及以上	9.8	11.6	6.2
有无需要 照料的人	有	38.6	21.4	23.2
	无	61.4	78.6	76.8
婚姻状况	已婚	53.3	60.5	60
	单身	46.7	39.5	40
年收入	0 ~ 2.99 万元	3.3	10.4	22.9
	3 万 ~ 4.99 万元	3.3	7.3	14.5
	5 万 ~ 9.99 万元	16.7	29	31
	10 万 ~ 19.99 万元	37.7	33.9	25
	20 万元及以上	39	19.4	6.6
受教育年限	12 年及以下	28.5	17.1	45
	12 年以上	71.5	82.9	55

三 居民休闲消费特征及影响因素分析

（一）居民时间分配及休闲消费支出现状

调查将居民一天的生活时间分为工作时间、个人必需时间、家务劳动时间和休闲时间，其中，工作时间为居民从事制度内工作、加班、其他工作和通勤时间；个人必需时间包括睡觉、吃饭、洗漱等用于必要生理活动的时间；家务劳动时间包括做饭、洗衣、照顾老人孩子等为家人尽义务的时间；休闲时间为除去上述三类时间外，个人可以自由支配的时间。如表 9 - 2 所示，2021 年，北京市居民全周平均工作时间为 6 小时 25 分钟（包括工作时间 5 小时 25 分钟、上下班通勤时间 1 小时），占全天的 26.7%，较 2016 年和 2011 年分别增加 23 分钟和 20 分钟；平均个人必需时间为 11 小时 32 分钟，占全天的 48.1%，比 2016 年和 2011 年分别少了 26 分钟和 3 分钟；平均家务劳动时间为 1 小时 51 分钟，占全天的 7.7%，比 2016 年多 4 分钟；平均休闲时间为 4 小时 12 分钟，占全天的 17.5%，分别比 2016 年和 2011 年少 1 分钟、17 分钟，比全国人均休闲时间多 1 小时 25 分钟，工作日、休息日的休闲时间分别为 3 小时 5 分钟、6 小时 56 分钟。

表 9 - 2 居民四类生活时间分配

单位：（小时：分钟）

年份	工作时间	个人必需时间	家务劳动时间	休闲时间
2011	6：05	11：35	1：51	4：29
2016	6：02	11：58	1：47	4：13
2021	6：25	11：32	1：51	4：12

北京市统计局数据显示，2021 年北京市居民人均可支配收入为

7.5 万元，同比增长 8.0%，是全国平均水平的 2.1 倍；全国人均休闲消费的估算值为 4914 元。调查显示，2021 年北京市居民平均休闲消费为 17822.2 元，是全国平均值的 3.6 倍，说明北京市居民消费力度大、消费需求广，也反映出北京休闲产业市场宽、潜力足的优势。

调查将居民的休闲消费分为五个部分，分别为体育类休闲消费、娱乐类休闲消费、学习类休闲消费、公益类休闲消费和旅游类休闲消费。据统计，北京市民旅游平均消费为 10310.5 元，远高于 2021 年全国平均水平的 2042 元，反映出疫情后北京市民旅游的积极性高，北京拉动全国的旅游消费水平。娱乐类、学习类休闲活动的平均支出分别为 4200.3 元、1895.5 元，分别占总休闲消费的 24%、11%，高于全国教育文化娱乐平均消费的 2599 元。体育类、公益类休闲活动的平均消费分别为 1273.7 元、142.2 元，分别占总休闲消费的 7%、1%（见图 9 - 1）。综上，居民大部分休闲消费集中在消遣和玩乐上，对自我提高（如学习和体育锻炼）和社会奉献（公益活动）相关活动的消费支出少，也从侧面反映出现阶段休闲产业仍需供给侧结构性改革，以满足和激发居民更高层次的休闲需求。

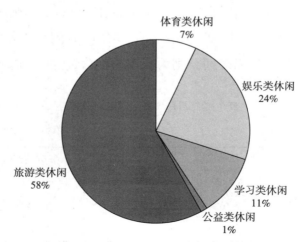

图 9 - 1　北京市居民休闲消费分布

　　从体育休闲角度分析，北京市居民参与最多的前四项活动分别为散步、登山、羽毛球、长跑，这些活动较为大众化，并且对运动场地的要求不苛刻，居民可以很方便地进行锻炼；支出最多的前四项活动分别为健身房锻炼、登山、滑雪、游泳，这些活动需要参与者支付入场费和购买专业运动装备，健身房锻炼更是有如私教、健身餐等付费服务，进而增加了此类活动的消费支出。可以看出，登山的参与度和消费支出都相对较高，深得居民喜爱（见图9－2）。

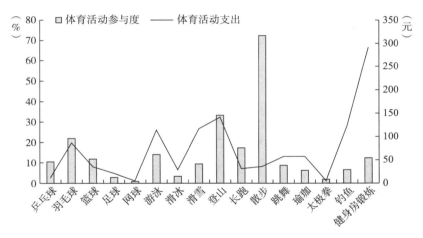

图9－2　北京市居民体育活动参与度及支出

　　从娱乐休闲角度分析，居民消费最多的前三项为烹饪、网上消遣、电子游戏，分别消费1580.5元、1088.1元、367.5元。娱乐是最基本的休闲方式，从图9－3中也能看出，北京市居民倾向于看电影、打牌、游戏等即时性且大众化的娱乐方式，并且也更倾向于使用电子设备进行娱乐活动。

　　相比起纯娱乐性活动，居民从事兴趣阅读、音乐会、美术鉴赏等陶冶情操、升华品味的活动要少得多，一方面是因为上述活动的资源少，如音乐会、美术展的门票量、活动时间和场馆受限；另一方面是因为宣传力度不够，很多居民要么不知道活动的相关信息，要么没有被宣传内容吸引。但随着居民生活质量的提高，对高层次的娱乐需求增加，

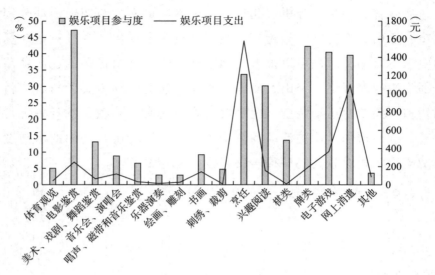

图 9 - 3　北京市居民娱乐活动参与度及支出

应扩大相关活动供给，优化活动内容，满足居民高层次的休闲需求。

　　从学习休闲角度分析，北京市居民的学习途径较广，主要以借助电视广播媒体学习、在单位学习、独自学习的方式进行。调查显示，2021 年居民借助媒体学习的参与度比 2016 年增长 7.7 个百分点，而参加各种学校和培训的比例比 2016 年分别降低 2.7 个、0.9 个百分点，说明参与线上学习的居民比往年更多。成人高教、借助媒体学习、各种学校的消费较高，成人高教和学校的高消费是因为其可以提供职业必需的资历证书，通常学费高；借助媒体学习支出较多，一方面是因为疫情，线上学习的人数增长；另一方面是因为社会对知识产权的重视程度升高，一些专业、精品和进阶线上课程都采取了收费的形式，提高了居民的线上学习支出（见图 9 - 4）。

　　从公益休闲角度分析，北京市居民的主要消费集中在对老弱病残的照顾和对灾区服务上，但数额都不大，分别为 54.7 元、50.1 元（见图 9 - 5）。公益类活动的支出只占整体休闲消费的 1%，说明公益尚未形成成熟的休闲产业链。此外，居民对公益活动的参与度不高。

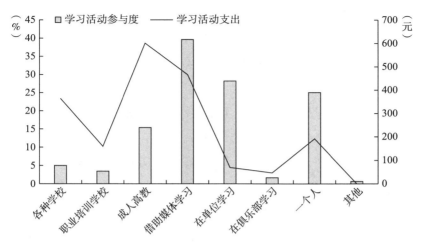

图 9－4 北京市居民学习活动参与度及支出

其中，对本地居民的服务参与度最高，占 8.6％，而对福利设施的人服务参与度仅有 2.5％，说明居民更会去帮助身边的人和由于身体、意外等原因需要及时援助的人（见图 9－5）。由于福利站中的人多多少少受到了社区组织和政府的援助，有了基本的生活保障，居民对他

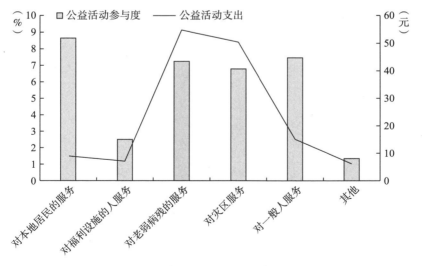

图 9－5 北京市居民公益活动参与度及支出

们的关注度就相对较少了。

从旅游类休闲角度分析，北京市居民回老家、当日返回的短途游玩、国内旅行（和家人或朋友）的参与度最高，平均支出分别为1721元、1359.4元、2455.8元（和家人国内旅行）、1213.9元（和朋友国内旅行）（见图9-6）。可以看出，首先，北京市居民多数喜欢短途游玩；其次，由于北京市外来人口多，回老家的比例较高；最后，疫情使境外旅行变得困难大、风险高，因此很多人选择在国内旅游。反观旅游支出情况，回老家和短途游玩并不是消费最高的方式，部分原因是这两种旅游方式的弹性较大，如交通工具和出行日期的选择，并且这两种方式几乎不涉及酒店和太多的用餐费用。家庭国内旅行一般涉及的人数多，因此如吃饭、酒店、票务等支出会高。居民在国内业务出差、研修的平均花费为1825.8元，占总旅游支出的第二位，一方面是因为出差或研修是一个持续性长的活动，累计的酒店和吃饭的开销相对较大；另一方面，有些商务出差对舱位和酒店的等级会有规定，也使得开销变多。

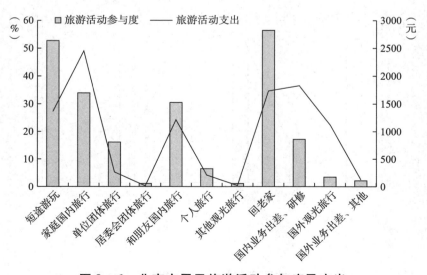

图9-6　北京市居民旅游活动参与度及支出

（二）不同人口组别的休闲消费差异分析

1. 男性爱刺激，女性爱文艺

据统计，2021 年北京市男性居民全周平均休闲时间为 4 小时 21 分钟，比女性多 21 分钟，反映出女性的解放程度低于男性。从图 9 - 7 中可以看出，不论是男性还是女性，都在休息日进行更多的休闲活动，但活动偏好不同。其中，男性比女性更倾向于读报纸、散步、体育锻炼、娱乐、探亲访友，女性更倾向于看电视、观看影剧文体表演和教育子女。男女生理和社会角色的差异导致男性做更多的运动性、刺激性、社交性和挑战性的活动，而女性则更偏向于安静的、放松的、文艺的活动。

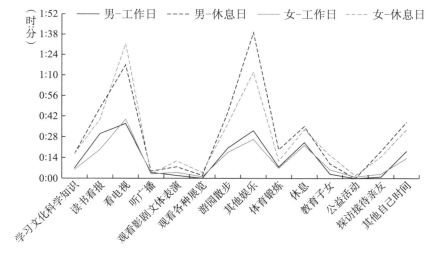

图 9 - 7　北京市居民工作日和休息日分性别休闲时间分布

根据表 9 - 3，在五类活动中，女性比男性在娱乐类活动方面多花 725.6 元，学习类活动多花 402.3 元。男性比女性在体育类、公益类、旅游类上平均多花 264.8 元、84.6 元、4031.3 元。男性和女性在活动同伴者的选择上无明显差异。在学习类活动方面，女性更倾向于艺术的、安静的学科，体现在学习外语、美术、医学保健、美发美容、艺术文化的比例比男性高 4.8 个、1.3 个、3.3 个、1.5 个、1.1 个百分点；而男性更倾向于有挑战性的学科，体现为男性学习工业技术、社科、自然科学、时事、计算机的比例比女性高出 4.5 个、4.3 个、3.0 个、3.4 个、6.3 个百分点。此外，女性在游玩（当天去当天回）、国内非出差旅行、国外非出差旅行的比例均高于男性，男性从事国内外商务旅行的比例高于女性，说明女性的旅游更偏向于享受型，男性的旅游则更偏向于商务型。从总体来看，北京市居民的旅游形式以短途游玩和跟家人朋友的国内旅行为主，只有极少数居民在 2021 年出国旅游。

表 9 - 3　北京市分性别休闲支出和同伴者情况

			男性	女性
体育类活动	同伴者（%）	家人	32.5	35.8
		同事	10.2	6.4
		学校的人	2.4	1.9
		邻居	2.3	4.2
		朋友	30.5	30.6
		自己	20.7	20.0
		其他	1.2	1.0
	平均支出（元）		1397.8	1133.0
娱乐类活动	同伴者（%）	家人	28.3	32.0
		同事	4.6	3.3
		学校的人	1.8	1.2
		邻居	1.8	1.6
		朋友	30.2	27.9
		自己	32.0	32.8
		其他	1.3	1.4
	俱乐部（%）	是	1.9	3.3
	平均支出（元）		3860.1	4585.7

			男性	女性
学习类活动	学习内容（%）	外语	9.6	14.4
		美术	1.9	3.2
		工业技术	8.0	3.5
		医学保健	3.0	6.3
		美发美容	0.6	2.1
		教育社会福利	2.3	2.3
		社科	11.5	7.2
		自然科学	5.6	2.6
		艺术文化	5.4	6.5
		时事	8.3	4.9
		家政	1.4	2.0
		计算机	15.8	9.5
		其他	26.7	35.6
	平均支出（元）		1707.1	2109.4
公益类活动	同伴者（%）	以社会服务为目的的团体	21.8	18.2
		居委会、俱乐部、青年团	22.1	19.8
		其他	9.4	10.5
		家人	7.6	8.6
		邻居	6.4	6.1
		单位或学校的人	9.7	10.5
		朋友	7.9	6.7
		自己	15.2	19.5
	平均支出（元）		181.8	97.2

续表

			男性	女性
旅游、游玩	游玩（当天去当天回）（%）		23.6	25.9
	国内（%）	观光旅	39.3	41.4
		回老家	23.8	24.8
		出差	10.1	4.8
	国外（%）	观光旅行	1.7	2.1
		出差、其他	1.6	1.0
	平均支出（元）		12198.4	8167.1

2. 中年人最辛苦，老年人也爱休闲

从图 9-8 可以看出，不同年龄段居民的休闲支出不同。40~49 岁的居民体育支出最多，而 19 岁以下的居民反而支出较少，主要因为 19 岁以下的居民的大部分开支由其父母承担，而其父母的年龄也大概在 40~49 岁左右，增加了这类人群的支出。出于和体育消费同样的原因，19 岁以下和 30~59 岁的居民的娱乐消费较多。20~29 岁的居民娱乐支出相对少，因为这一阶段的人初入大学或社会，没有足够的资金去承担较多的娱乐费用。同时，他们工作或学习正处于忙碌

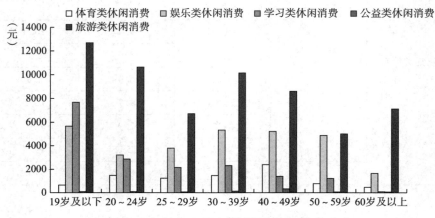

图 9-8　北京市不同年龄居民休闲消费分布

阶段，会把更多的时间投入在自我提升上。老年人的娱乐支出最少，因为老年人从事的多数娱乐项目不用花大钱，如麻将、扑克等。学习活动的支出有明显的随年龄增长而减少的趋势，尤其是过了 19 岁之后出现了断崖式的下降，主要由于学生高考完之后所需的辅导班和教材变少，使相应支出降低。

图 9-9 反映出北京市居民主要的体育活动类型为散步。另外，居民的体育活动总体参与度随年龄的增长而降低，组间部分活动变化有异。例如，球类运动（如篮球、羽毛球）的参与度随年龄增长明显减少，但登山的参与度则随着年龄增加而增加，过了 50 岁之后下降，散步的参与度同样随年龄的增长而增加。

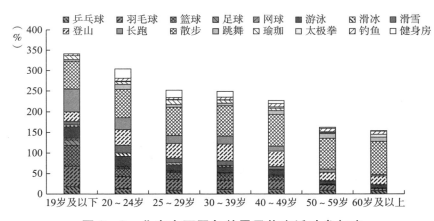

图 9-9　北京市不同年龄居民体育活动参与度

60 岁及以上的中老年人旅游消费依然可观，甚至超过了 25~29 岁的青年人。据统计，2021 年北京市 60 岁及以上的老年人全周平均休闲时间为 7 小时 6 分钟。老年人已远离工作环境，因此以工作为目的的商务旅行很少，大部分为一日游和国内旅行。值得注意的是，比起其他年龄层，老年人更享受和家里人或同居委会等一起旅行，说明老年人喜欢和亲近的人或组织一起出游。此外，老年人出国游玩的比例比其他年龄层更高，一方面是因为更多的休闲时间支持老年人出远门游玩，另一方面也说明老年人更会享受自己的休闲时间，愿意走出国门出去看看（见表9-4）。

表9-4　北京市不同年龄居民旅游活动参与度

单位：%

年龄	当日返回的游玩	家庭国内旅行	居委会等组织的国内旅行	回老家	国内业务出差、研修等	国外观光旅行	国外业务出差、研修等
19岁及以下	59.1	27.3	0.0	18.2	0.0	0.0	0.0
20~24岁	59.0	29.9	0.4	60.3	9.8	4.3	1.3
25~29岁	52.7	26.0	0.2	67.4	19.4	2.7	2.5
30~39岁	54.3	39.5	0.0	64.2	26.7	3.7	3.2
40~49岁	49.6	38.6	0.8	52.8	26.8	3.2	3.2
50~59岁	47.1	34.0	1.6	43.0	10.2	3.3	1.2
60岁及以上	48.4	41.4	5.7	29.9	1.9	5.1	0.6

公益活动的支出在所有年龄段普遍较低，但并不意味着人们对公益活动的淡漠。19岁及以下人群在公益活动的综合参与度最高。其中，31.8%的人参与过对本地居民的服务，4.5%的人参与过对福利设施的人的服务，13.6%的人参与过对老幼病残人士的服务，18.2%的人参与过对灾区人民的服务。青少年公益参与度高一方面是因为青少年对社会更富有同情心，另一方面是因为和学校、社会等群体组织的募捐、献爱心、志愿者等公益活动有关。很多60岁以上的老年人也参与了对本地社区和对灾区的公益活动，说明虽然老年人也属于需要被关照的人群，但他们仍比较在意身边群体和需要被帮助的人的生活状况，有较强的社会公德心（见图9-10）。

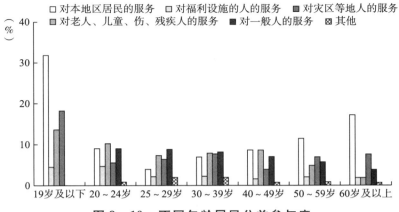

图例：
□ 对本地区居民的服务　□ 对福利设施的人的服务　■ 对灾区等地人的服务
■ 对老人、儿童、伤、残疾人的服务　■ 对一般人的服务　⊠ 其他

图 9 – 10　不同年龄居民公益参与度

3. 学历越高，休闲活动质量越高

从表 9 – 5 可以看出，学历越高，休闲消费越多。高学历者往往会有高收入，而收入和消费又有正相关性，同时，学历高的居民也懂得适当休闲的重要性。因此，学历的提高是休闲消费增加的原因之一。学历越高的人在休闲时间越爱学习，学历越低的人在休闲时间越爱看电视、散步和休息。这一结论在区分工作日和休息日后尤为明显。工作日中，大学及研究生学历的人工作时间长、休闲时间短，但是他们的学习时间仍比其他学历的人要高。在休息日，所有人的休闲时间变长，学历低的人将这些时间用于更多的散步、看电视等娱乐消遣类活动，而学历高的人除了娱乐消遣活动时间变长之外，学习时间也明显增加。此外，学历越高的人用于休息的时间越少，反映出高学历者对休闲时间的利用更加充实。

表 9 – 5　北京市不同学历的居民休闲消费总支出及部分休闲时间分配

学历	休息日（小时：分钟）				工作日（小时：分钟）				休闲消费总支出（元）
	学习	散步	看电视	休息	学习	散步	看电视	休息	
小学、初中及其他	0：00	0：48	1：21	0：36	0：04	1：05	1：53	0：46	10330.9

续表

学历	休息日（小时：分钟）				工作日（小时：分钟）				休闲消费总支出（元）
	学习	散步	看电视	休息	学习	散步	看电视	休息	
高中	0：01	0：36	1：07	0：32	0：03	1：05	1：34	0：45	15739.4
本科及研究生	0：06	0：11	0：29	0：21	0：16	0：37	1：23	0：30	18143.8（本科） 35801.4（研究生）

从图9－11可以看出，各学历居民娱乐、公益活动支出的差异不明显，其原因，一是公益类活动普遍支出较低；二是当前的娱乐项目供给多为大众化消费项目，居民很少有差异化消费机会；三是居民的娱乐消费偏好多为基本的消遣、游戏等，高层次的娱乐消费较少。旅游、学习、体育活动的消费随学历的上升而增加。部分原因是高学历的居民更注重自我提升和精神享乐，并且高学历居民工作时间更长，需要更多的锻炼或旅行去放松身心。

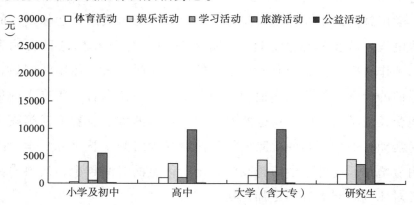

图9－11　北京市不同学历的居民休闲消费支出及分布

4. 收入越高，休闲消费效率越高

图9－12呈现出居民的休闲消费水平随收入的增加而上升。休闲消费占年收入的比重大相径庭。年收入3万元以下的居民休闲消费约占收入的1/3，随着收入的升高，休闲消费所占比例下降，意味着收入低的居民对休闲消费的投入程度甚至比高收入群体还高，而高收入

群体则可能把钱更多地投入在理财或家庭上。

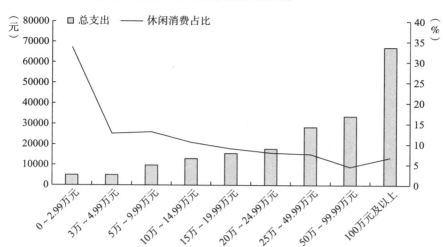

图 9 - 12　北京市不同收入的居民休闲消费支出额及占总收入比重分布

图 9 - 13 在一定程度上解释了不同收入段居民的休闲消费特征，本文将年收入 10 万元以下归为低收入，10 万 ～ 50 万元归为中等收入，50 万元以上为高收入。首先，中、高收入居民的体育和公益活

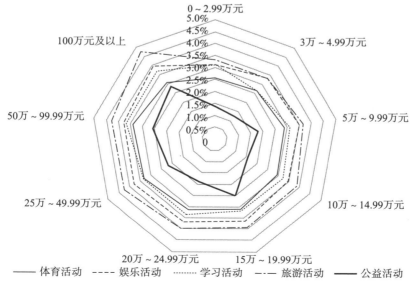

图 9 - 13　北京市不同收入居民休闲消费分布

动支出相差不大；其次，低、中收入居民的学习活动支出差异较小；再次，娱乐活动占低收入居民休闲消费的比重比中、高收入要高；最后，各收入段之间的旅游消费差异最明显。由于旅游消费的弹性较大，收入高的居民会选择更舒适的出行方式、住宿、餐饮、行程规划等，他们受预算的限制较小。此外，数据显示，年收入 0~2.99 万元和 3 万~4.99 万元的居民休闲时间最多，分别为 5 小时 7 分钟和 5 小时 48 分钟，他们把大部分休闲时间放在了看电视、娱乐、散步、休息上，反映出这些居民利用休闲时间的方式较为单一。

（三）居民休闲时间减少，休闲消费支出提高

2011~2021 年是我国从第一个百年奋斗目标向第二个百年奋斗目标过渡的关键十年，也是我国综合国力、民生质量稳步前进的十年。从"十二五"伊始到如今"十四五"期间，我国经济发展、科技创新、对外开放、生态文明建设都取得了重大突破，从基本建成小康社会到全面脱贫，国民生活质量显著提升。

从时间的角度来分析，居民的休闲机会有所减少。2021 年北京市居民全周从事休闲活动的时间平均为 4 小时 12 分钟。其中，工作日为 3 小时 6 分钟，休息日为 6 小时 54 分钟。北京市居民全周平均休闲时间呈减少的趋势，其中，工作日的休闲时间在三个年份里持续减少，但休息日的休闲时间先减少后增加，说明居民在工作日减少的闲暇时光在休息日补了回来（见表 9-6）。工作日休闲时间的减少和工作时间的增加有直接关系。

表 9-6　北京市居民休闲时间变迁

单位：（小时：分钟）

年份	全周	工作日	休息日
2011	4：29	3：26	7：07

年份	全周	工作日	休息日
2016	4：13	3：17	6：35
2021	4：12	3：06	6：54

从表 9 - 7 可以看出，2021 年北京市居民的休闲消费支出较 2016 年、2011 年增长 16.3%、51.3%，标志着居民生活质量的提高。娱乐类休闲消费增长率最高，为 50.8%。公益消费逐年减少，映射出公益事业现存的问题，例如管理体系的结构问题、人才缺失问题、民众信任度问题等。体育类休闲消费较 2011 年、2016 年分别增长 94.8%、23.8%，说明疫情后更多居民投入体育锻炼，越发重视个人健康。学习类休闲消费较 2011 年、2016 年分别增长 80.6%、28.8%，意味着居民更加看重学习的重要性。旅游类休闲消费较 2011 年、2016 年分别增长 41.5%、5.5%，反映出居民在疫情后也参与了更多的旅游活动。总的来说，北京市居民十年内的消费水平发生了天翻地覆的变化，体现出居民生活水平的整体提升。

表 9 - 7　北京市居民休闲消费支出历史变迁

单位：元

年份	体育类休闲消费	娱乐类休闲消费	学习类休闲消费	公益类休闲消费	旅游类休闲消费	总消费
2011	654.0	2494.7	1049.3	296.1	7288.3	11782.4
2016	1028.5	2784.9	1471.1	265.9	9768.5	15318.9
2021	1273.7	4200.3	1895.5	142.2	10310.5	17822.2

（四）国内外居民休闲消费差异分析

从时间的角度来说，美国居民的休闲时间比国内居民的休闲时间多。据统计，美国居民平均休闲时间为 5 小时 32 分钟，比北京市居民多 1 小时 21 分钟。其中，美国男性的平均休闲时间为 5 小时 59 分钟，女性为 5 小时 6 分钟，分别比北京市男性、女性居民的平均休闲时间多 1 小时 39 分钟、1 小时 4 分钟。美国居民在各个年龄段的自由时间都高于中国居民，但两国的变化程度不同。美国居民在 35～44 岁之前自由支配时间从最初的 6 小时 24 分钟迅速下降，并在 35～44 岁时达到最低点，为 4 小时 2 分钟，减少 2 小时 22 分钟。44 岁后美国居民的休闲时间逐渐上升，这可能与美国人自由的生活态度有关，在工作了二三十年之后开始享受生活。大部分美国人在 65 岁之后休闲时间达到 7 小时 37 分钟[①]。中国人一生中大部分时间都是在忙碌中度过的。19 岁及以下的中国居民休闲时间比美国同龄人少 2 小时 40 分钟，这是由于很多学生除了校内繁重的学习任务之外还要上各种各样的课外辅导班，自由时间很少。到了 20～24 岁，人们结束义务教育，有的进入大学，有的初入社会，学习和工作任务较少，休闲时间增加。从 25～49 岁，居民的休闲时间有所减少，但变化不大，说明人们在这段年龄中生活稳定，工作时间的增加影响了休闲时间。中国人在 50 岁之后陆陆续续退休，工作时间减少而休闲时间大幅度增加，从 49 岁之后到 60 岁及以上休闲时间增加 2 小时 38 分钟（见图 9 - 14）。

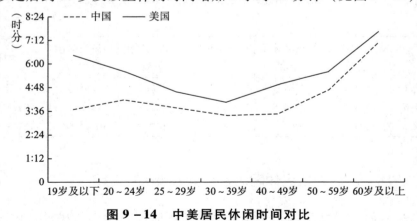

图 9 - 14　中美居民休闲时间对比

---

① 美国居民时间分配数据来源于美国劳工局 ATUS 调查数据。

从支出的角度来看，美国居民的休闲消费支出也高于我国居民。数据显示，2021 年，美国人均消费占人均收入的 58.9%，较 2020 年降低 4.6 个百分点，[①] 低于我国的 68.6%，略高于北京的 58.7%；美国人均休闲支出占总人均消费的 33.7%，高于北京的 23.8%，其中，美国人用于体育类、娱乐类、公益类、学习类的支出占休闲消费的比例高于北京市民 12.8 个、21.2 个、6.6 个、5.8 个百分点，用于旅游类的支出占休闲消费的比例低于北京市民 46.4 个百分点。2021 年美国仍处于疫情中，从消费占比可以看出人们的相对支出减少了，但美国居民除了旅游类休闲支出低于北京市居民外，其余类休闲支出均高于北京市居民。这一方面说明美国居民的休闲意识高、社会休闲消费环境较好，另一方面是由于美国的疫情严峻、社会安全不稳定，居民外出游玩频率降低。

四　结论

综上，本文得出以下五点结论。

第一，2021 年北京市居民对体育类、娱乐类、学习类、旅游类休闲活动的支出较 2011 年、2016 年逐年增长，对公益类休闲活动的支出逐年降低，体现出居民对休闲活动的重视度提高，有利于休闲产业的发展。

第二，2021 年北京市居民的休闲时间变少，主要原因是疫情后的复工复产。休闲时间在工作日和休息日差异明显，工作日休闲时间逐年减少，而休息日休闲时间较 2016 年增加。

第三，2021 年北京市居民旅游活动支出在五类休闲活动里最多，居民参与短途游玩和国内旅游的频率最高，且大部分人喜欢跟家人一

---

① 美国居民消费数据来源于 Statista. com 和 bls. gov。

同旅游，说明旅游业发展现处于拐点，疫情后正逐渐恢复；大部分居民的娱乐活动以游戏和看电视为主，而从事音乐、艺术鉴赏等高层次娱乐活动的居民相对较少，反映出当下休闲产品的供给有很大的改善空间；居民的体育活动整体参与度随年龄增长而降低，多数居民喜欢散步、跑步等较为便捷的运动；居民学习方式广泛，线上学习的参与度提高。

第四，男性更爱有挑战性、刺激性的休闲活动，女性则更偏爱文艺类、相对安静的休闲活动；收入高的居民休闲消费支出高，但娱乐活动的支出占总支出的比重随收入的增高而降低；居民学历越高越爱学习，体现在休息日学习时间比低学历居民多、学习活动参与度和支出高。

第五，国内居民的休闲消费不论从时间维度或是支出维度都低于美国居民，与发达国家还有一定距离，说明我国居民的休闲消费和我国休闲产业仍有较大的提升空间。

10 北京冰雪休闲发展研究

蒋依依　郭佳明　黄佩莹[*]

摘　要　2021 年北京冰雪休闲的发展现状主要体现在，政策保障，助力冰雪休闲蓬勃发展；收入增长，助推冰雪休闲需求增长；场地扩建，便捷群众冰雪休闲体验；体旅融合，扩大冰雪休闲产品供给；形式多样，提升群众冰雪休闲热情；冰雪校园，培育未来冰雪消费群体；以人为本，提供均等冰雪公共服务。建议利用好冬奥遗产，持续优化冰雪供给；引导群众参与，扩展群众冰雪休闲消费；延续冬奥氛围，打造特色冰雪文化。

关键词　冰雪休闲　体旅融合　冰雪公共服务　冰雪文化

一　北京冰雪休闲的发展现状

2015 年 7 月北京获得 2022 年第 24 届冬奥会和冬残奥会的举办权，冰雪休闲发展迎来新机遇。2021 年是关键的一年，北京市政府积极筹划，发布系列政策文件，不断扩大优化冰雪休闲供给，满足群

---

* 蒋依依，北京体育大学体育休闲与旅游学院副院长、教授、博士生导师，研究方向为体育旅游、奥运遗产、旅游政策等；郭佳明，北京体育大学体育休闲与旅游学院硕士研究生；黄佩莹，北京体育大学体育休闲与旅游学院本科生。

众冰雪休闲需求，北京冰雪休闲得到跨越式发展。

（一）政策保障，助力冰雪休闲蓬勃发展

为了做好北京 2022 年冬奥会和冬残奥会的筹办（以下简称"冬奥会"）工作，响应"三亿人参与冰雪运动"的时代号召，北京市政府出台的有关促进冰雪休闲的发展政策主要以促进群众以及青少年冰雪运动、培养冰雪运动人才、带动冰雪竞技运动发展、推进冰雪运动赛事发展、建设冰雪运动场地设施、实现冰雪体育产业发展等为目标来统筹规划，通过政策保障助力大众冰雪休闲活动蓬勃开展。政策多以 2022 年为关键节点，旨在促进北京市形成较为完善的冰雪运动体系，全面提升北京冰雪运动的整体实力和社会影响力，建设现代冰雪体育产业体系。这为北京市大众冰雪休闲发展带来新机遇。近些年北京市有关冰雪休闲的主要政策文件如表 10 - 1 所示。

表 10 - 1　近些年北京市有关冰雪休闲的主要政策文件

发布时间	政策文件	相关任务
2016 年 2 月 29 日	《北京市人民政府关于加快冰雪运动发展的意见（2016~2022 年)》	广泛开展群众路线冰雪健身活动，努力扩大青少年冰雪运动覆盖面，加快冰雪体育产业发展，加大冰雪场地设施建设，加强冰雪运动人才队伍建设
2016 年 2 月 29 日	《北京市群众冰雪运动发展规划（2016~2022 年)》	广泛开展群众冰雪健身活动，扶持群众冰雪体育组织发展，强化冰雪运动科学健身指导，组织带动群众参与健身行动；到 2022 年基本形成较为完善的冰雪运动服务体系，冰雪运动人口规模显著扩大，群众冰雪健身活动蓬勃发展
2016 年 2 月 29 日	《北京市青少年冰雪运动发展规划（2016~2022 年)》	普及冰雪知识，加强冰雪运动技能培训，发展冰雪体育组织，开展青少年冰雪活动，开展冰雪运动业余训练，组织开展冰雪赛事，加强冰雪运动交流合作；到 2022 年，北京市青少年冰雪运动广泛普及，参与冰雪运动的青年人才比例持续增加，"百万青少年上冰雪"的目标基本实现，冰雪运动后备人才培养和输送的数量和质量不断提高

发布时间	政策文件	相关任务
2016 年 2 月 29 日	《北京市冰雪体育产业发展规划（2016～2022 年）》	推广普及冰雪运动，拉动冰雪体育消费，提升京津冀冰雪体育产业协同发展水平；到 2022 年，北京市基本建成布局合理、优势突出、功能互补、发展有序、保障有力的现代冰雪体育产业体系
2016 年 2 月 29 日	《北京市冰雪赛事发展规划（2016～2022 年）》	推动办赛主体多元化，打造国际冰雪品牌赛事，举办全国和市级重大冰雪赛事，完成筹办北京 2022 年冬奥会相关工作，扩大冬奥会项目裁判队伍，提升观赛服务水平，形成品牌化、多元化发展的冰雪赛事格局。打造冰上运动健身和教学核心区、滑雪健身体育休闲带，构建分布广泛的冰雪场地设施服务网点。到 2022 年，各类冰雪场地设施能够基本满足群众参与冰雪运动的需求
2017 年 2 月 4 日	《北京市"十三五"时期体育发展规划》	冰雪场地不断完善，冰雪人才满足需要，开展冰雪嘉年华和群众冰雪健身体验活动，创新发展冰雪健身项目
2017 年 7 月 10 日	《北京市人民政府关于培育扩大服务消费优化升级商品消费的实施意见》	丰富群众体育消费业态。以筹办 2022 年冬奥会为契机，加快建设国家高山滑雪中心、国家雪车雪橇中心、国家速滑馆等项目，完善冰雪体育运动场所及配套设施；与河北省共同打造京张冰雪体育休闲旅游带，引导群众参与冰雪健身消费
2018 年 9 月 13 日	《北京市支持校园冰雪运动发展项目管理方法（试行）》	重视示范学校、特色学校和校外活动中心创建以及课程设置及研发、竞赛活动组织、社团建设、校园文化建设、师资培训及引进、场地设施建设，加强国内外交流，开发特色冰雪课程，打造冰雪品牌活动，提升冰雪师资水平，强化场地设施。广泛普及冰雪运动知识并传播冬奥文化；持续增加青少年学生在参与冰雪运动人口中的比例，努力扩大青少年冰雪运动覆盖面
2019 年 2 月 14 日	《加快新首钢高端产业综合服务区发展建设打造新时代首都城市复兴新地标行动计划（2019 年～2021 年）》	依托石景山体育中心、莲石湖公园、园博园举办冰雪嘉年华等群众冰雪健身活动

续表

发布时间	政策文件	相关任务
2019 年 3 月 31 日	《关于以 2022 年北京冬奥会为契机大力发展冰雪运动的意见》	大力普及群众性冰雪运动，健全群众冰雪组织，建设群众冰雪设施，丰富群众冰雪活动。广泛开展青少年冰雪运动，举办青少年冰雪赛事，发展校园冰雪运动。加快发展冰雪产业，积极培育市场主体，优化冰雪产业结构。拓展冰雪竞赛表演市场，有序申办和举办冰雪运动国际高水平专业赛事
2020 年 12 月 31 日	《北京市体育设施专项规划（2018 年～2035 年）》	积极申报、引进和培育冰雪运动体育赛事，带动本土职业赛事发展及群众参与。挖潜存量资源建设冰上运动场地设施。扩建增容滑雪场地及配套设施，鼓励建设冬季临时性嬉雪场所
2021 年 6 月 11 日	《北京市人民政府办公厅关于促进全民健身和体育消费推动体育产业高质量发展的实施意见》	建立青少年冰雪 U 系列赛事体系，广泛开展校园冰雪赛事，坚持办好北京市民快乐冰雪季，以赛事和活动促进冰雪运动消费
2021 年 8 月 27 日	《北京培育建设国际消费中心城市实施方案（2021～2025 年)》	打造冰雪项目消费目的地。北京将融合北部旅游资源，设计开发"北京冰雪游""北京冬奥游"等冰雪旅游、冬季旅游主题线路。积极推广冰雪消费，支持高水平国际国内体育赛事在京举办。加大冰雪运动场地设施供给，各区至少拥有 1 座标准规格室内冰球场。大力普及群众性冰雪运动，继续办好北京市冬季运动会、冰球俱乐部联赛、快乐冰雪季等赛事活动，持续推进冰雪运动进校园、进社区。到 2022 年，全市参与冰雪运动人数达到 1000 万
2021 年 12 月 21 日	《"十四五"时期健康北京建设规划》	着力打造市民快乐冰雪季等群众广泛参与的高品质冰雪赛事活动，每年举办市级冰雪赛事活动不少于 10 项。抓住冬奥契机，大力发展青少年冰雪运动。建立健全北京市青少年冰雪项目 U 系列赛事体系，扶持冰雪运动学校，积极发展校园冰雪运动，培养高质量的冰雪运动后备人才

（二）收入增长，助推冰雪休闲需求增长

随着北京市居民收入逐年增长以及疫情后居民健康观念的增强，居民冰雪休闲需求日益增长。据北京市统计局数据，北京市 2021 年全年实现地区生产总值 40269.6 亿元，比上年增长 8.5%；北京市人均可支配收入为 75002 元，较上年增长 8.0%（见表 10 - 2），其中城镇居民人均可支配收入为 81518 元，增长 7.8%。2021 年全市总消费、服务消费、社会消费品零售总额分别同比增长 11%、13.4% 和 8.4%，消费市场整体恢复至 2019 年疫情前水平，北京市居民消费水平稳步提高。由于疫情影响，居民对于健康的需求日益增加，越来越多的居民加入冰雪休闲活动。此外，据中国旅游研究院与马蜂窝联合推出的《中国冰雪旅游消费大数据报告（2022）》，北京市位列 2021～2022 年冰雪季冰雪旅游客源城市 TOP10 榜首，客源占全国冰雪旅游客源总量的 12%，冰雪旅游客源呈现年轻化趋势。每年冰雪季到京郊滑雪、泡私汤温泉、去北海公园滑冰、打卡黑龙潭绝美冰瀑，已经成为北京近年来的潮流[①]。北京市政府发布的《北京市全民健身实施计划（2021～2025 年）》中预计 2022 年北京参与冰雪运动的人数将达到 1000 万。

表 10 - 2　2017～2021 年北京市全市居民人均可支配收入及增速

单位：元，%

年份	居民人均可支配收入	增速
2017	57230	8.9
2018	62361	9.0
2019	67756	8.7

---

① 中国旅游研究院、马蜂窝自由行大数据联合实验室：《中国冰雪旅游消费大数据报告（2022）》，2022 年 1 月。

续表

年份	居民人均可支配收入	增速
2020	69434	2.5
2021	75002	8.0

资料来源：北京市统计局。

（三）场地扩建，便捷群众冰雪休闲体验

扩建冰雪运动场所，有效利用冬奥会赛后国际一流场馆，整合冰雪场地资源，为群众开展冰雪休闲活动提供保障，便捷群众冰雪体验。2020年出台的《北京市体育设施专项规划（2018年~2035年）》中提出挖潜存量资源，建设冰上运动场地设施，扩建增容滑雪场地及配套设施，鼓励建设冬季临时性嬉雪场所。近年来北京市持续加强冰雪运动场地设施建设，为了发展群众性冰雪运动，北京市体育局与各区紧密协调，推动各区建设不小于1800平方米的室内冰场，安全有效利用自然水域冰上资源开展冰雪运动体验，让市民就近参与冰雪运动。截至2021年底，北京市有82座冰场、97块冰面、32所雪场。[①]同时，奥林匹克森林公园尖锋旱雪滑雪场、VR滑雪体验、冰雪电竞等仿真、数字冰雪体验活动打破场地限制与气候限制，进一步提升冰雪运动参与度，激发群众冰雪休闲运动热情。冬奥会赛后的国际一流场馆遗产，在规划初期便谋划赛后利用，成为北京冰雪休闲运动可持续发展的根基（见表10-3）。

表10-3 冬奥场馆遗产

用途	场馆遗产	位置
竞赛	国家游泳中心	北京赛区

---

① 北京市体育局。

用途	场馆遗产	位置
竞赛	国家体育馆	北京赛区
竞赛	五棵松体育中心	北京赛区
竞赛	国家速滑馆	北京赛区
竞赛	首都体育馆	北京赛区
竞赛	首钢滑雪大跳台	北京赛区
竞赛	国家高山滑雪中心	延庆赛区
竞赛	国家雪车雪橇中心	延庆赛区
竞赛	云顶滑雪公园	张家口赛区
竞赛	国家跳台滑雪中心	张家口赛区
竞赛	国家冬季两项中心	张家口赛区
竞赛	国家越野滑雪中心	张家口赛区
训练	五棵松冰球训练馆	北京赛区
训练	首体花样滑冰训练馆	北京赛区
训练	首体短道速滑训练馆	北京赛区
非竞赛	冬奥村/冬残奥村	北京赛区、张家口赛区、延庆赛区
非竞赛	主媒体中心	北京赛区

资料来源：《北京 2022 年冬奥会和冬残奥会遗产报告集（2022）》。

（四）体旅融合，扩大冰雪休闲产品供给

北京市以冰雪旅游线路、度假区为依托，以冬奥遗产为抓手，促进体旅融合，扩大冰雪旅游供给，使冰雪旅游成为出游新方式。2021年2月8日，《冰雪旅游发展行动计划（2021～2023年）》提出扩大冰雪旅游优质产品供给，深挖冰雪旅游消费潜力，推动冰雪旅游与相关行业融合，提升冰雪旅游公共服务，夯实冰雪旅游发展基础等要求。"带动三亿人参与冰雪运动"的号召持续释能，国内冰雪旅游快速发展。2021年，北京市推出了22条冰雪旅游精品线路（见表10－4）；

2021 年底，文化和旅游部公布的首批 12 家国家级滑雪旅游度假地名单中，北京延庆海陀滑雪旅游度假地入榜；2022 年初，文化和旅游部发布的 10 条"筑梦冰雪·相伴冬奥"全国冰雪旅游精品线路中，首条线路便是"北京市城区—延庆区—张家口怀来县—张家口崇礼区—张家口沽源县"。这条冰雪之路不仅充满了浓厚的冬奥氛围，同时还能到达国家速滑馆（冰丝带）、首钢滑雪大跳台、崇礼冰雪旅游度假区等景点。此外，根据中国旅游研究院与马蜂窝联合推出的《中国冰雪旅游消费大数据报告（2022）》，什刹海溜冰（北京）入选 2022 年冰雪经典创新项目，首钢冰雪汇入选 2022 年冰雪时尚创新项目。

表 10 − 4　北京市 22 条冰雪旅游精品线路

主题		线路
百年奥运梦主题路线	路线 1	北京冬奥公园—新首钢大桥—滑雪大跳台—首钢三高炉（全民畅读艺术书店、北京礼物·首钢园店）—香啤坊—首钢极限公园
	线路 2	北京世园公园—世园汤泉酒店温泉体验—世园凯悦酒店/张山营镇后黑龙庙村冬奥小镇—石京龙滑雪场（两日游）
	路线 3	密苑云顶滑雪场/富龙四季滑雪场/太舞滑雪小镇—太舞美食一条街—夜滑体验（两日游）
	路线 4	北京延庆世界葡萄博览园冰雪嘉年华—Club Med Joyview 延庆度假村/富龙四季小镇—石京龙滑雪场/富龙滑雪场（两日游）
乐享京冰雪主题·玩冰嬉雪欢乐之旅	路线 5	石景山市民冰雪体育中心—郎园 Park—华熙 LIVE·五棵松
	路线 6	密云南山滑雪场—万象汇—日光山谷
	路线 7	神泉峡冰雪节—谷山村农耕博物馆—谷山村冰雪嘉年华—谷山人家
	路线 8	永宁古城—青山园欢乐冰雪季—龙庆峡冰灯艺术节
	路线 9	北京莲花山滑雪场—鲜花港蝴蝶大世界—鲜花港冰雪嘉年华
	路线 10	三庙一塔/大运河森林公园/运河公园—城市绿心森林公园—环球城市大道
	路线 11	中国电影博物馆—中国铁道博物馆（东郊展馆）—顺义春晖园温泉度假村

主题		线路
乐享京冰雪主题·冰火交融精彩之旅	路线 12	古北水镇—英华桥雪场—日月岛广场（无人机孔明灯表演）—日月岛冰场—长城音乐水舞秀—御舍温泉精品酒店（两日游）
	路线 13	二七厂 1897 科创城—南宫温泉冰雪乐园—南宫民族温泉养生园
	路线 14	居庸关长城—乐多港奇幻乐园—乐多港万达广场—乐多港万豪酒店汤乐宫
	路线 15	静之湖滑雪场—静之湖温泉酒店—兴寿镇草莓采摘（两日游）
乐享京冰雪主题·休闲赏冬惬意之旅	路线 16	北京渔阳国际滑雪场—菊花宴—金塔仙谷度假小镇
	路线 17	红砖美术馆—北京赛特奥莱—罗红摄影艺术馆—中粮祥云小镇
	路线 18	野鸭湖国家湿地公园—康庄归原奶庄—云瀑沟冰瀑
	路线 19	黑龙潭冰瀑/云蒙山—渔街—穆家峪悦民嘉誉采摘
	路线 20	霞云岭国家森林公园—金水湖景区—金水湖第七届冰雪节
	路线 21	大兴国际机场—木棉花酒店—雪都滑雪场
	路线 22	红螺寺—怀北国际滑雪场—顶秀美泉小镇

资料来源：北京市文化和旅游局。

（五）形式多样，提升群众冰雪休闲热情

北京市各区政府组织形式多样的冰雪休闲活动，为游客以及冰雪运动爱好者提供了形式多样、内容丰富的出游选择，冰雪运动覆盖面持续扩大，群众冰雪休闲热情高涨。"十三五"期间，北京市连续举办市民快乐冰雪季，开展各级各类群众性冰雪活动 1.5 万场，参与人次达到 2480 万。[①] 2021 年作为"十四五"的开端之年，继续巩固扩展"带动三亿人参与冰雪运动"成果，不断扩大冰雪公共服务供给，普及推广大众冰雪项目，居民冰雪休闲热情高涨，冰雪休闲发展迈上新台阶。《"十四五"时期健康北京建设规划》中明确提出，着力打

---

① 资料来源于 2021 年北京市体育工作会议。

造市民快乐冰雪季等群众广泛参与的高品质冰雪赛事活动，每年举办市级冰雪赛事活动不少于 10 项。北京市各区在保证安全的基础上大力开展冰雪嘉年华、冰雪乐园、冬令营等活动，2021 年底正式启动第八届北京市民快乐冰雪季，包括趣味体验活动、滑雪公益体验课以及青少年 U 系列滑雪冠军赛。此外，北京市创新举办首届市冬季运动会。各类嘉年华将冰雪文化与中国传统文化相结合，开展主题各异、形式多样的活动，覆盖人群广，有效带动大众参与其中，北京市冰雪休闲活动取得跨越式发展。

（六）冰雪校园，培育未来冰雪消费群体

北京市各区持续推进冰雪运动走进校园，建设冰雪运动特色校与奥林匹克教育示范校，推进青少年冰雪运动广泛开展，培育未来冰雪消费群体。截至 2021 年 12 月，北京已建设 200 所冰雪运动特色校和 200 所奥林匹克教育示范校，中小学生参与冰雪运动已达 210 万人次。[①] 据《北京市教育委员会关于公布 2021 年北京市冰雪运动特色学校及奥林匹克教育示范学校评估认定结果的通知》，65 所学校被评为北京市冰雪运动特色学校一类学校，72 所学校被评为北京市冰雪运动特色学校二类学校，63 所学校被评为北京市冰雪运动特色学校三类学校，199 所奥林匹克教育示范学校评估验收合格。建立和完善青少年冰雪赛事体系、开展 2021 年北京市青少年锦标赛冬季项目比赛等系列冰雪赛事、建立健全冰雪运动课程体系、大力促进冰雪课外活动的开展、加强冰雪运动教师培训及冰雪运动校园指导员队伍建设等举措，将全面推进青少年冰雪运动发展。青少年是未来的希望，随着冰雪运动走进校园，越来越多的青少年爱上冰雪运动，进而转化为生活习惯，成为将来冰雪休闲消费主力军，有效推动冰雪休闲可持续发展。

---

① 资料来源于北京市教育委员会。

（七）以人为本，提供均等冰雪公共服务

北京市各区政府充分考虑各类人群特点，针对残疾人群体、青少年群体、企业职工以及妇女和儿童群体，分类指导、按需供给，高效精准开展各类人群冰雪活动，推进冰雪公共服务均等化提供。① 为了让更多的残疾人有机会接触冰雪运动，石景山区残联建立了北京市残联系统第一家以冬奥、冬残奥为主题的多功能体验室——残疾人"冰雪之家"。2021 年 5 月 15 日，北京市残疾人冰壶冰球运动馆也正式投入使用。同时，大力号召广大企业职工上冰雪，积极带动来京建设者参与冰雪运动，丰富来京建设者的冬季体育文化生活，组织冰雪项目体验活动，学习冰雪运动知识与技能，感受冰雪运动乐趣。此外，还举办亲子冰雪体验活动，为妇女、儿童创造参与冰雪运动的机会，助力冰雪运动的普及与推广，提高群众幸福生活指数，冰雪休闲成为民生工程。

二　北京冰雪休闲的发展建议

随着冬奥会圆满结束，要抓住"后冬奥时代"的发展契机，利用好冬奥遗产，继续推动体育旅游文化产业融合，助力京张体育旅游文化带建设，继续扩大优质冰雪产品供给，挖掘群众消费潜力，营造浓厚的冬奥氛围，助力冰雪休闲可持续发展。

（一）尽享冬奥遗产，持续优化冰雪供给

冬奥会过后，冬奥经济效应将持续释放，赛后遗产成为冰雪休闲可持续发展的根基。继续推动京张体育文化旅游带建设，打造京张冰

---

① 资料来源于北京市体育局。

雪体育休闲带，利用好赛后国际一流遗产场馆，推进奥运场馆与重点旅游景区的串联，打造冰雪旅游文化线路，促进场馆四季运营，提高场馆使用率。继续整合现有冰雪旅游资源，推进冰雪旅游度假地建设，打造四季冰雪体验，举办具有影响力的冰雪体育表演、体育竞赛活动。继续探索体育文化旅游融合创新发展模式，大力发展冰雪研学、会议会展、冰雪演艺等多样旅游业态，加强产业链融合，延展群众冰雪休闲体验。持续推进科技赋能，开展数字冰雪体验活动，提升大众冰雪休闲活动参与感。

（二）引导群众参与，扩展冰雪休闲消费

北京市各区协同发展，充分发挥各自优势，扩展冰雪消费方式与消费渠道，引导群众参与冰雪休闲活动，挖掘群众消费潜力。《中共北京市委 北京市人民政府关于加快培育壮大新业态新模式促进北京经济高质量发展的若干意见》《北京市人民政府办公厅关于促进全民健身和体育消费推动体育产业高质量发展的实施意见》《北京培育建设国际消费中心城市实施方案（2021～2025年）》等政策文件提出扩大文化旅游消费，积极推广冰雪消费，打造冰雪项目消费目的地。需继续调动社会各方积极性，充分发挥冰雪社会体育组织在促进冰雪运动政策推进、推广冰雪运动、统筹举办冰雪赛事等方面的责任。继续完善冰雪运动基础设施及配套设施，引进先进科学技术，使冰雪场馆朝规范化、合法化的方向发展，扩大冰雪项目社会体育指导员队伍，确保人民群众安全地参与冰雪休闲活动。要依靠群众、引导群众、服务群众，让更多群众参与到冰雪运动中，促进群众冰雪休闲消费升级。

（三）延续冬奥氛围，打造特色冰雪文化

冬奥会的举办与群众冰雪休闲活动的广泛开展，形成了良好的冬奥氛围，冰雪文化与中国传统文化相结合，形成具有中国特色的冰雪

文化。继续以冬奥遗产为抓手，加强对冰雪运动知识、冰雪赛事活动的宣传，充分发挥各级各类新闻媒体特别是新媒体作用，办好冰雪运动节目和专栏，组织创作一批冰雪题材影视作品，建设奥运主题博物馆，与中国优秀传统文化融合交流。继续促进冰雪教育与校园文化融合，将奥林匹克教育、体育文化融入校园教育。积极发挥优秀运动员的榜样力量，传播冰雪运动正能量，持续促进中国特色冰雪文化深入人心。

11　北京酒吧休闲发展研究

仇　瑞　张梦雅　邹统钎　李　茜*

摘　要 | 在全民休闲时代，酒吧休闲方式正逐渐成为休闲链条上不可
忽视的一环。本文围绕酒吧休闲方式，对国外酒吧休闲发展
现状及经验进行介绍，并从需求与供给两个方向对北京市酒
吧休闲发展进行阐述，总结了北京市酒吧休闲需求不减、供
给稳步增加的产业现状，最后，分析了北京酒吧休闲的特色
化、日常化、创新化、科技化、规范化等发展趋势。希望以
本文的研究与分析，为北京市酒吧休闲发展提供借鉴与参考。

关键词 | 酒吧休闲　酒吧文化　酒吧公司　北京

一　国外酒吧休闲发展经验借鉴

（一）国外酒吧休闲发展现状

1. 酒吧历史源远流长，酒吧文化深入人心

国外的酒吧文化历史悠久。"Bar"原意为提供饮料的柜台，后来

---

　*　仇瑞，北京第二外国语学院旅游科学学院旅游管理专业研究生，研究方向为旅游目的地管理
与旅游规划；张梦雅，北京第二外国语学院旅游科学学院旅游管理专业研究生，研究方向为
旅游目的地管理与旅游规划；邹统钎，教授、博士生导师，北京第二外国语学院校长助理，
中国文化和旅游产业研究院院长，研究方向为文化遗产管理、文化旅游发展政策等；李茜，
北京第二外国语学院旅游科学学院硕士研究生，研究方向为旅游市场营销与电子商务等。

柜台也售卖啤酒、葡萄酒等，同时提供娱乐项目，酒吧的原型便诞生了。酒吧最早起源于英国，其雏形可追溯至 11 世纪，距今已有 1000 多年历史。据记载，到 12 世纪中叶，英格兰的酒馆就比世界上其他地区的酒馆数量总和还要多，那时受酿酒技术的限制，酒品以麦芽酒为主。[①] 美国的酒吧则最早起源于美国西部大开发时期。发展到今天，无论是城市还是乡村，酒吧已成为国外最普遍的休闲方式。

　　酒吧在国外可谓遍地开花。以英国为例，Statista 调研的2000～2020 年英国酒吧数据显示，2019 年，英国全境共有 47200 家酒吧，其中23400 家是独立酒吧，13900 家是酒吧公司运营的连锁酒吧，9900 家则是啤酒厂拥有，2020 年即使受疫情封锁等因素影响，英国也有46800 家酒吧在运营（见图 11－1）。[②] 2020 年酒吧行业的总营业额超过 220 亿英镑。按运营酒吧数量来看，Stonegate 是英国最大的酒吧公司，在全国拥有 4708 家酒吧，紧随其后的是 Mitchells & Butlers plc、JD Wetherspoon 和 Whitbread（见图 11－2）；从营业额来看，

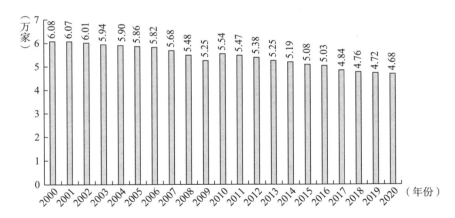

图 11－1　2000～2020 年英国酒吧数量

资料来源：Statista。

①　张媛：《英国别具特色的酒吧文化》，《前沿》2013 年第 12 期。
②　"Number of pubs in the United Kingdom（UK）from 2000 to 2020," Statista, https://www. statista. com/statistics/310723/total-number-of-pubs-in-the-united-kingdom。

Mitchells & Butlers plc 在 2019～2020 财政年度以将近 15 亿英镑的收入摘得冠军，连锁酒吧 JD Wetherspoon 以 12.6 亿英镑的收入位居第二，Stonegate 以 7.07 亿英镑位居第三。①

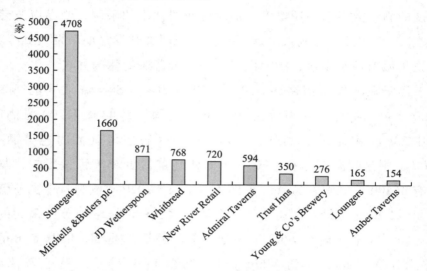

图 11 - 2　2020 年英国酒吧公司经营的酒吧数量

资料来源：Statista。

2. 酒吧种类复杂多样，酒吧主题丰富多元

国外的酒吧种类丰富。在社会发展过程中，为满足消费者的不同需求，各种各样的酒吧都占有一席之地。国外酒吧大致可以分为四类：Pub，多指英式酒吧，以酒为主，但也提供饮食和游戏等娱乐服务；Bar，多指娱乐休闲类酒吧，提供乐队表演、歌舞表演等；Lounge，多指酒廊，提供食品和正餐，常见于酒店大堂，一般较正式；Club，即夜店，需先交入场费，以娱乐为主，常有舞池和节奏感较强的音乐。国外酒吧从低端到高端，既可满足普通民众日常休闲，

---

① "Leading selected pub companies in the United Kingdom（UK）in 2020，by number of units," Statista，https://www.statista.com/statistics/310844/ten-leading-independent-pub-companies-in-the-united-kingdom-uk-by-number-of-pubs-owned/.

也可满足商务人士会谈聚餐，形式多样。

酒吧特色各异，十分多元。根据主题可以分为体育酒吧（Sports Bar）、廉价酒吧（Dive Bar）、单身酒吧（Single Bar）、音乐酒吧（Music Bar）、商务酒吧（Business Bar）、同性恋酒吧（Gay Bar）等，按提供的酒品可分为葡萄酒酒吧（Wine Bar）、啤酒酒吧（Beer Bar）、鸡尾酒酒吧（Cocktail Bar）、烈性酒酒吧（Liquor Bar）等，按提供服务可分为烤肉酒吧（Bar and Grill）、酒店酒吧（Bar and Hotel）、露天酒吧（Open – Air Bar）等，按文化体验可分为爱尔兰酒吧（Irish Bar）、日式酒吧（Japanese Bar）、提基酒吧（Tiki Bar）、复古酒吧（Vintage Bar）等。酒吧已成为各地社会文化的一部分，各类酒吧都具有不同的特色，主题多种多样，从台球、运动到体验异国文化，酒吧已然成为放松身心、大众社交、聊天聚会甚至是交换信息、洽谈会客的常态化选择。

3. 疫情之下饱受摧残，政府拨款大力支持

新冠肺炎疫情在全球范围内的肆虐，对酒吧行业造成了巨大的冲击。英国啤酒与酒吧协会（British Beer and Pub Association，简称 BB-PA）统计的数据显示，由于疫情与封锁，2021 年酒吧啤酒的销售额比疫情之前下降了 38%，损失了 57 亿英镑的收入，[①] 2021 年 4 月，酒吧重新开业以来，桶装啤酒的销量比 2019 年同期下降了 40%[②]。美国仅纽约州就有超过 25 万名酒吧员工失业。疫情带来的酒吧关门使得整个行业遭受严重打击，不仅造成了经济收入下滑，还引发了失业等社会问题。

---

① "1.4 billion fewer pints sold in 2021, BBPA analysis reveals," British Beer and Pub Association, https://beerandpub.com/2022/02/11/1 – 4 – billion-fewer-pints-sold-in – 2021 – bbpa-analysis-re-veals/.

② "The Plight of Cask: Cask beer sales down by 76 million pints since pubs reopened," British Beer and Pub Association, https://beerandpub.com/2021/09/24/the-plight-of-cask-cask-beer-sales-down-by – 76 – million-pints-since-pubs-reopened/.

鉴于酒吧带来的经济效益与社会效益，疫情之下，政府对酒吧发展制定了一系列的措施。英国 2021 年为酒吧行业规划了超 15 亿英镑的财政补助金，政府还将酒吧的增值税税率从 12.5% 降至 5%，并制定了延长工作保留计划，以帮助酒吧工作人员保留工作岗位，帮助英国成千上万的酒吧和啤酒厂商经济复苏。① 美国各州也对包括酒吧在内的中小企业发布了紧急补贴政策。如俄亥俄州提供了每家 3000 美元的小企业租金减免补助，明尼苏达州提供了每家不超过 5000 美元的零息贷款。②

（二）国外酒吧行业发展经验借鉴

与国外深厚的酒吧文化相比，我国酒吧行业还处于蹒跚学步的幼儿时期。文化背景与社会环境的不同，致使酒吧在我国一些普通大众眼中仍是"不良场所"的代名词。不仅如此，酒吧动辄几千元甚至上万元的消费单价，也让普通工薪一族对其望而却步，在我国，酒吧还是奢侈的舶来品。但酒吧在居民休闲娱乐、促进消费等方面扮演着重要角色，其带来的经济效益和社会效益不容忽视。由此，国外酒吧的发展经验尤其值得我们借鉴。

1. 丰富酒吧类型，扩大受众群体

酒吧要想可持续发展，必须拥有广大消费群体。目前在国内，酒吧的消费群体有限，仍属于小众市场，且酒吧内不规范甚至是不合法现象的时常曝光，也让国内酒吧休闲难以成为大众文化。反观国外，

---

① "BBPA Budget response-Good news for pubs in the short-term, long-term stimulus still needed to secure the great British pub," British Beer and Pub Association, https://beerandpub.com/2021/03/03/bbpa-budget-response-good-news-for-pubs-in-the-short-term-but-long-term-stimulus-still-needed-to-secure-the-great-british-pub/.

② Smith K., Freed Z., Knox R., "How state and local governments can help small businesses during the coronavirus pandemic," Institute for local self-reliance, https://ilsr.org/how-state-and-local-governments-are-helping-small-businesses-during-the-coronavirus-pandemic-2/.

各种类型的酒吧多种多样，任何人都能找到舒适的消费去处。国内酒吧从业者应着力开发不同类型、不同主题的酒吧，满足不同偏好消费者的需求，培育消费群体，挖掘消费潜力。

2. 依托酒类公司，降低产品价格

合理制定产品价格，满足大众消费需求。国外有众多酒类生产商运营的酒吧，酒吧现场体验与商超售卖形成良好的配合，扩大消费并能提高知名度。我国也不乏知名的有实力的酒类生产商，但这些生产商的产品大多是通过商超渠道进行售卖，很少有体验柜台。若能引进国外酒吧经营模式，不仅可以省去中间环节，降低酒吧产品的价格，也可为酒类生产商提供很好的直接对客交流平台。这种经营模式能够带动整个酒吧市场趋于平民化，成为大众真正消费得起的产品。

3. 培育连锁品牌，提高运营专业度

有影响力的品牌对行业具有极大的带动作用，能够为酒吧提供经营范本。国内酒吧多是单体经营，也不乏一些酒吧爱好者凭借一腔热血一时性起注册营业，酒吧从业者严重缺乏运营与管理理念、营销与促销渠道，再加上酒吧行业激烈的市场竞争，常有运营到最后负债累累不得已退出市场的情况。国外酒吧的连锁化程度大大高于国内，由酒厂和酒吧公司经营的酒吧占市场的一半以上。国内也要尽快培育酒吧品牌，扩大品牌效应，实现连锁化经营，提高整个行业的运营专业化程度，带动酒吧行业健康发展。

二 北京酒吧休闲发展现状

酒吧于 20 世纪 80 年代初伴随改革开放的春风传入我国，90 年代在国内开始兴起，发展到现在已初具规模。作为国际大都市，酒吧是北京不可缺少的夜生活场所。随着近几年北京市夜间经济蓬勃发展，北京酒吧消费迅速增加，但市场野蛮发展也滋生了不少问题。本节将从需求与供给两个方面对北京酒吧产业发展现状进行介绍。

（一）需求：酒吧消费需求不减，创新成为流量密码

文体娱乐休闲场所在疫情之下虽受到一定管控，但消费者对酒吧仍青睐有加。消费群体呈年轻化态势，同时消费者的个性化需求促进其他行业的品牌跨界进军酒吧市场，酒吧休闲方式逐渐大众化。

1. 疫情之下酒吧热度依旧，"90后""00后"成为主要消费群体

酒吧休闲方式灵活多元，在疫情之下仍较受欢迎。2021年，国内疫情虽已基本得到控制，但点状突发的情况时有发生。跨省跨市人口流动时常受限，居民休闲需求转而向城市内部休闲场所释放。另外，"都市一族"在快速的生活节奏与超负荷的工作压力下，急于寻求娱乐方式宣泄情绪、舒缓身心。酒吧休闲易获取，灵活度高，满足了人们下班后与周末时间寻求刺激与娱乐放松的消费需求，在疫情管控之下仍颇受欢迎。

酒吧产品消费人群整体偏年轻。中研普华产业研究院发布的《2021~2026年中国酒吧行业市场前瞻与未来投资战略分析报告》显示，"95后""00后"的用户成为关注酒吧最多的群体，且占比高达56.68%，远超过其他人群。其次是25~34岁的群体，占比约为27.27%。年轻人寻求新潮刺激的夜生活场所，酒吧满足了消费者喝酒、聊天、社交、娱乐需求，在青年群体中逐渐成为平常化的消费选择。

2. 闹吧与 Live House 最受欢迎，市场需求催生新潮产品

闹吧（夜店）与 Live House 引流能力强。闹吧依靠炫目的灯光舞美与亢进的音乐吸引眼球，Live House 则依靠小有名气的乐队驻场制造狂欢，这两大类的酒吧往往具有热烈的现场氛围，给消费者带来视觉与听觉的盛宴，带领消费者融入节奏，逃离日常烦恼，挥洒自我个性，吸引着越来越多的年轻人前去体验。

市场的多元化需求也促进了产品创新。新生代的消费群体热衷于探索新奇体验，追求个性化创造，由此催生了不少多元化与差异化的酒吧产品。如传统饮料品牌开启跨界卖酒的风潮，星巴克引入完整酒吧体验，旗下 Mixato 酒坊的咖啡特调别有风味；奈雪的茶推出"奈雪酒屋"，打造"早茶夜酒"的社交场景；另外，还有餐饮品牌海底捞推出"HI 捞小酒馆"、和府捞面推出"和府小面小酒"等，布局尝试酒吧赛道。

3. 消费者看重氛围与流量，酒吧休闲逐渐融入城市生活

独特的氛围感成为酒吧特色。酒吧运用不同的装修风格、灯光设计及音乐格调来打造不同的主题与文化，酒吧是"一群人的狂欢"，酒吧消费追求的就是热闹的氛围，消费者往往跟着人潮流动，人流量越大的酒吧就越能吸引消费者，消费者在消费酒吧产品的同时也创造着酒吧产品。

消费者偏好形成了不同的需求圈层。群体的消费习惯一定程度上促进了产业集群的形成。如外国人、高收入白领喜欢在三里屯附近酒吧消费，喜欢清雅环境的则更愿在什刹海酒吧街闲逛，追赶潮流的时尚"弄潮儿"则偏好星吧路酒吧文化街。

（二）供给：供给迅速增加，供给结构失衡

1. 政策利好密集释放，行业规模不断扩大

利好政策陆续出台，酒吧产业迎来发展契机。2021 年 9 月 8 日，北京市发布的《北京市"十四五"时期优化营商环境规划》提出要探索放宽酒吧外摆限制等创新举措，打造创新创业活力空间；《平谷区促进文旅商体产业发展的扶持办法》指出在平谷万德福广场周边打造以休闲音乐酒吧、演艺茶馆等为主的活力街区，并对达到要求的知名品牌、企业的运营主体予以资金奖励；《延庆区"十四五"时期文化和旅游发展规划（2021～2025）》提出鼓励发展酒吧等休闲餐饮业

态。此外，随着北京市夜间经济的蓬勃发展，酒吧行业景气度走高。顺义区祥云小镇的夏季主题 IP 活动中露天酒吧带动市民的生活体验提升；为推动夜间经济的发展，北京市提倡酒吧等休闲场所延长营业时间，举办文化节、啤酒节、戏剧节等各种形式的文化消费活动，点亮都市青年夜生活。企查查搜索数据显示，2021 年北京市处于存续状态的经营酒吧业务的企业共有 621 家，其中 2021 年成立的相关企业有 240 家，是上年新开业酒吧数量的 8 倍（见图 11 - 3）。

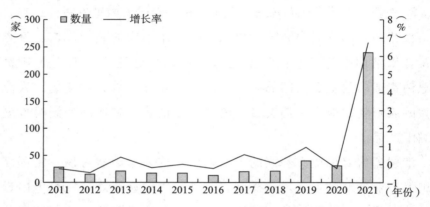

图 11 - 3　2011 ~ 2021 年北京市新开业的酒吧企业数量及增长率

资料来源：根据企查查数据作者自绘。

2. 总体布局北多南少，产业集聚效应显著

根据 EasyPoi 百度版，共获取北京市 675 家酒吧的信息（见表 11 - 1），总体而言，北京市酒吧空间在分布上呈北多南少的态势。北京市酒吧产业集聚效应较为显著。例如，北京市酒吧主要集中于朝阳区、东城区、海淀区和西城区，四个城区共有 506 家酒吧，占全市酒吧的 75%。北京市 16 区中，朝阳区酒吧数量最多，占全市酒吧总量的 45.3%，门头沟区数量最少，占比只有 0.3%。朝阳区的酒吧又大多集中于三里屯，此外，工体、星吧路、元大都、大山子、朝阳公园、望京、亚运村、日坛、秀水街一带也有不少酒吧。东城区酒吧聚集在南锣鼓巷一带；西城区酒吧集中于什刹海与动物园一带；海淀区酒吧相对分散，北大东门、成府路、五道口、学院路、西直门一带数量众多。

表 11-1　北京市 16 区酒吧数量

单位：家

朝阳区	海淀区	东城区	西城区	通州区	怀柔区	延庆区	丰台区
306	76	79	45	29	4	6	28
石景山区	房山区	顺义区	大兴区	平谷区	昌平区	密云区	门头沟区
6	8	21	20	5	31	9	2

资料来源：根据 EasyPoi 百度版获取数据，作者整理绘制。

3. 经济发展导向显著，城区酒吧集聚凸显

北京酒吧呈现明显的经济发展导向，酒吧分布与各区的经济发展水平紧密相关。数量排在前列的朝阳区、东城区、西城区和海淀区四个城区中，其国民生产总值、居民人均可支配收入和居民人均消费性支出三项中大多居于全市前列。海淀区的国民生产总值位居全市第一，高达 8504.6 亿元，朝阳区以 7037.9 亿元位居全市第二。虽然东城区的国民生产总值仅为 2954.7 亿元，但其居民人均可支配收入以 83501 元位居全市第三，仅次于西城区（90286 元）和海淀区（86742 元）。在居民人均消费性支出一项中，排在前四位的是西城区、海淀区、东城区和朝阳区，分别为 51466 元、51198 元、46190 元、44682 元。从以上数据中不难看出，朝阳区、东城区、西城区和海淀区这四个城区相较于北京市内其他城区而言，拥有更高的经济发展水平（见表 11-2）。

表 11-2　2020 年北京酒吧布局与城市发展

序号	城区	城区酒吧数量全市占比（%）	城区面积（平方千米）	常住人口（万人）	国民生产总值（亿元）	居民人均可支配收入（元）	居民人均消费性支出（元）
1	朝阳	45.33	470.8	345.1	7037.9	78721	44682

序号	城区	城区酒吧数量全市占比（%）	城区面积（平方千米）	常住人口（万人）	国民生产总值（亿元）	居民人均可支配收入（元）	居民人均消费性支出（元）
2	东城	11.70	41.84	70.9	2954.7	83501	46190
3	西城	6.67	50.7	110.6	5061.1	90286	51466
4	海淀	11.26	431	313.2	8504.6	86742	51198
5	丰台	4.15	306	201.9	1854.2	66799	38472
6	大兴	2.96	1036.33	199.4	932.8	49206	30123
7	通州	4.30	906	184	1103	45845	29697
8	昌平	4.59	1343.5	226.9	1147.5	51587	34962
9	顺义	3.11	1021	132.4	1873.7	41803	25743
10	石景山	0.89	85.74	56.8	855.5	78656	40096
11	房山	1.19	2019	131.3	759.9	44078	25307
12	门头沟	0.30	1447.85	39.3	251	55102	31889
13	密云	1.33	2229.45	52.8	338.6	39282	24264
14	怀柔	0.59	2122.8	44.1	396.6	41779	27247
15	延庆	0.89	1994.88	34.6	194.5	37385	24770
16	平谷	0.74	948.24	45.7	284.1	40274	24310

资料来源：EasyPoi 百度版。

4. 集群之间特色各异，集群内部趋于同质

北京市酒吧繁多，各集群形成了极具特色的主题酒吧街。三里屯酒吧街历史悠久，是最繁华的娱乐街区之一，主打都市文化，客源主要是外国人、高收入白领与游客，购物的同时可以休闲，消费较高；什刹海—后海酒吧街保留了北京文化的基本模样——胡同、四合院，主打京味文化，以静吧、音乐吧居多，体现恬适的休闲方式；星吧路是时尚生活聚集地，是高档时尚娱乐社区；大山子酒吧街是798工厂区中的现代艺术，一个集艺术中心、画廊、酒吧等于一体的艺术

社区。

但是，北京市酒吧集群内部同质化严重。如什刹海一带都是依靠歌手驻唱吸引客流，店铺之间内部装潢也大同小异，缺乏特色，文化内涵不足。另外，部分酒吧创新能力不足，附和低俗网红产品，难以形成自身特色。

三　北京酒吧休闲发展趋势

（一）向品牌化、特色化演进

酒吧行业向品牌化靠拢。依靠传统经营模式的酒吧经营效益较差，接连出现"闭店潮"，经过行业的不断洗牌，酒吧行业连锁品牌酒吧的市场份额将不断扩大，品牌优势逐步凸显。此外，酒吧行业将更注重开发品牌周边产品，以此强化品牌形象，持续输出品牌价值观。

酒吧行业向特色化演进。目前北京市仍以中低档酒吧居多，未来将涌现一大批有个性特色和格调的酒吧，如苏荷酒吧、本色酒吧、激情百度酒吧等具有代表性的连锁酒吧企业，它们通过不断创新酒吧业态，并在店面装饰风格、空间设计以及酒吧文化等方面形成品牌特色。目前涌现的"酒吧＋"也将丰富酒吧行业业态，如"酒吧＋相声""酒吧＋剧场演出""酒吧＋脱口秀""酒吧＋猫咖"等，将改变传统酒吧只蹦迪、喝酒的单一体验，向更具体验性、文化性的酒吧业态演进，为酒吧行业注入新鲜活力。

（二）向生活化、日常化拓展

未来北京市酒吧线上线下融合的酒品新零售模式将成为趋势，酒吧逐渐向生活化、日常化拓展。例如海伦司开设京东和天猫旗舰店，其果啤类产品在线上备受年轻人的欢迎。从酒馆场景到家庭场景，海伦司正在通过新零售的方式拓展售卖场景。再如便利店调酒火遍各大社交网络，即把便利店中的各类饮料与小瓶基酒相结合，完成一次简单的自制调酒，如今便利店调酒正成为一种饮酒新风尚。另外，疫情防控禁止聚集的要求也促使部分酒吧开启外卖平台进行酒品零售。尤其是之前仅能在酒吧柜台喝到的精酿啤酒也能通过外卖在家品尝，甚至有的酒吧品牌专门开一家酒品零售商店以满足消费者的需求。

未来北京市酒吧文化将朝着大众化、常态化、生活化的消费方式转变，市民只有"消费得起"，才能让更多的市民与游客晚上"走出来"，酒吧才能成为更平民化、更日常化的时尚潮流消费地。

（三）向创新化、多元化发展

业务产品创新化，探索跨界融合，打造多维饮酒场景。例如"餐饮＋酒吧"，既可以延长酒吧的经营时间，又满足消费者对饮食的需求；"戏剧＋酒吧"，如开心麻花成立了 Stage One 音乐戏剧酒吧，打破传统演出边界，给观众带来全新体验。又如"猫咖＋酒吧"，消费者既可饮酒，又可与小动物亲密接触，放松身心。酒吧跨界经营的代表品牌有星巴克臻选咖啡·酒坊、凑凑火锅·小酒馆、奈雪酒屋等。

营销模式多元化，助推酒吧行业转型升级。未来北京市酒吧可借助多元化社交媒介，建立微信、抖音、快手及微博新媒体营销矩阵，培养私域流量。此外，专属定制、联名合作、主题推广等多元化营销手段将广泛应用于酒吧行业。不仅如此，酒吧也可通过多样的活动设计，如推出节日专场活动等为酒吧营销助力。

（四）沉浸式、科技化引领潮流

未来酒吧行业更加注重融合现代科技与文化，致力于打造具有艺术感、时尚感、潮流感和体验感的多元文化空间。如全息酒吧，利用投影技术代替传统装潢，酷炫效果更易吸引人的眼球。全息投影可在酒吧墙面投射水幕、纱幕等不同场景，酒吧包间能根据顾客需求变换包间场景，改变传统酒吧千篇一律的沉闷装饰，打造沉浸式体验空间，顾客可以享受极致的全感官体验。

另外，现代声光电技术在酒吧行业的应用营造了酒吧科技氛围。如打造时空隧道，还有马云旗下的 HHB 酒吧中的"情绪识别门"；烟雨走廊等，还有配合 RGB 爆闪和 330 合一灯具的弧面大屏打造异次元空间感。未来酒吧的设计将依靠科技产品打造沉浸氛围，现代化创新设计将产生强大吸引力，成为酒吧引流的重要手段。

（五）规范化、合法化日益加强

随着疫情防控常态化，作为人员密集型娱乐场所，北京酒吧行业未来需规范经营，筑牢疫情防控墙。需要切实落实疫情防控主体责任，做好场所安全生产工作，确保文化旅游市场安全稳定。

此外，未来酒吧监管日益强化，促使酒吧企业守法经营。"2021雷霆行动"对全市文化娱乐场所开展集中整治行动，形成打击违法行为的高压态势。酒吧人员混杂，浮躁的环境氛围容易被不法分子利用成为犯罪场所，2022 年北京市将继续强化酒吧监管，严厉打击淫秽色情演出活动，整治低俗演出宣传。另外，酒吧外围也要加强警务巡逻，做好酒吧外围安保工作，为酒吧休闲的良性健康发展筑牢防线，切实营造文明健康的文化娱乐环境。

12　北京影院休闲发展研究

李　艳　董丹阳*

摘　要　疫情防控常态化时代，休闲影业复工复产，北京市自2020
年建成"影视之都"以来影业发展势态良好，持续产出高
质量影视作品，丰富人们的休闲娱乐生活。本文基于2021
年北京市电影产业发展最新统计数据，从票房成绩、影院建
设、影片类型等多方面梳理和分析了2021年北京市休闲影
业发展特点、消费热点和存在的问题，并结合当下互联网、
数字化发展趋势预测北京休闲电影未来发展方向，提出相应
的发展建议：充分挖掘观影人群特征，合理排片推动电影消
费；制定有效策略，拉动更多人群在不同档期进入影院消
费；推动数字化放映提升视听质量；推动电影周边产品的消
费；提升电影制作水平，从源头上提升电影消费。

关键词　休闲文化　影院休闲　电影消费　北京

一　引言

经历了2020年的新冠肺炎疫情，2021年我们已经进入了疫情防

---

* 李艳，博士，北京第二外国语学院中国文化和旅游产业研究院副教授，研究方向为智慧旅
游、旅游大数据、遗产旅游、文化和旅游产业数字化；董丹阳，北京第二外国语学院旅游
科学学院硕士研究生，研究方向为旅游市场营销与电子商务等。

控常态化的生活。尽管人们的生活仍然受疫情影响，但北京作为文旅产业最活跃的地区之一，文旅消费仍然体现出巨大的市场和潜力。影院作为人们娱乐休闲的重要场所，成为北京市民尤其是年轻人的娱乐休闲消费的重要选择。

北京是全国政治中心和文化中心，文化产业规模及文化生产能力全国领先。作为全国影视创意策划、制作宣发和装备制造中心，影业成就位居前列。在电影市场，北京拥有庞大市场规模和消费潜力，2021 年北京在全国城市票房排名第 2、省（直辖市）排名第 7。

二　北京影业基本情况

北京是全国的文化中心，聚集着国内顶尖的文化产业、文化艺术设施、艺术高校和专业人才。在《北京城市总体规划（2016 年 ~ 2035 年）》远景展望中，文化产业被定为北京市实现高质量发展的重要引擎。如今，北京文化产业规模及文化生产能力全国领先，休闲经济市场潜力巨大，发展效益日益提高，已迈进高质量发展阶段。

电影产业是文化产业的重要组成部分，北京作为全国影视创意策划、制作宣发和装备制造中心，影业成就位居前列，在北京市委市政府印发的《关于推动北京影视业繁荣发展的实施意见》指导下，北京市已于 2020 年建成首个具有国际影响力和中国特色的"影视之都"。我国疫情得到控制，电影市场逐步回暖，2021 年北京地区共制作完成 186 部影片，其中 61 部已上映。首都见证着民族历史的沧桑巨变，首都电影工作者倾心创作出大量优秀主旋律电影，如《长津湖》《悬崖之上》《革命者》《我们是第一书记》等，为党的百年华诞献礼。[①] 由北京博纳影业集团有限公司、中国人民解放军八一电影制片厂等联

---

① 《北京地区创作生产影片包揽 2021 年中国电影票房榜前三名 主旋律影片成年度创作最大亮点》，荆楚网，http://news.cnhubei.com/content/2022 - 01/02/content_14375551.html。

合制作的电影《长津湖》取得全国票房 57.72 亿元[1]，创下中国电影市场票房新高，展现了北京影业在疫情下的强大活力。

2021 年我国电影总票房达到 472.58 亿元，其中北京市票房约为 22.05 亿元，北京地区院线共计 30 条，较 2020 年增加了 1 条，同比增长 3.45%，影院数量达 281 家，放映场次 335.4 万场，较 2020 年增加了 189.4 万场，同比增长 129.73%。观影人次达 4224.38 万，较受疫情严重影响的 2020 年增加了 2107.30 万人次，同比增长 99.54%，处于全国领先水平。

三　电影休闲情况分析

2021 年中国电影市场繁荣与忧患并存。疫情防控常态化时期影视产业逐渐复苏，全国票房较 2020 年有明显增长，北京市电影票房 2021 年春节档在票价普遍涨价、影院限座 50%～75% 等不利因素影响下，票房数据再创新高。影业复苏的同时也逐渐暴露出潜藏的问题，有的数据无法回到疫情前的水平。

（一）北京票房居于高位

2020 年新冠肺炎疫情的影响导致北京市影院大规模关闭，2021 年情况好转，影院正常开放，票房呈现增长趋势。在 2021 年票房城市排名中北京市以 22.05 亿元排名第二，上海市以 24.95 亿元排名第一。在全国省（直辖市）的电影票房排名中以 22.05 亿元的规模排名第 7，前 6 位分别是广东省（59.43 亿元）、江苏省（42.65 亿元）、

---

① 《中国电影年度报告：票房 472.58 亿，恢复至疫情前七成》，百度网，https://www.baidu.com/link？url = zhJsedviHSXmEsTnbwm6INIt8bp3mw2ULmt4zssB4Y － ionWQqG5Ho517Sat9Hyi5vw6vn6ElPN9_ThmWu1g9uQgR_0WNKarFWityCP53zkm&wd = &eqid = ade0a71000094ef300000006622aaf00。

浙江省（35.35 亿元）、四川省（27.80 亿元）、上海市（24.95 亿元）和山东省（24.63 亿元）。由此可以看出，北京电影消费的巨大潜力。

（二）北京电影市场疫情后全面复苏

2021 年北京地区院线共计 30 条，较 2020 年增加了 1 条，同比增长 3.45%。在北京地区院线数量增加的同时，影院数量也在增加，2021 年北京地区影院数量达 281 家，较 2020 年增加了 15 家，同比增长 5.64%。在 2021 年全国电影票房排名前十的影院中，北京市占据五个，分别是首都电影院西单店、北京寰映合生汇店、金逸北京大悦城 IMAX 店、北京英嘉国际影城和卢米埃北京长楹天街 IMAX 影城，其中首都电影院西单店 2021 年累计票房 3505.5 万元，连续两年票房保持年度第一。在票价方面，2021 年春节档，北京票价涨幅较大，同比上涨 36%，为全国第一。高昂的票价和北京市民的强大购买力让北京市影院票房排名全国领先。2021 年度北京影院票房 Top10 如表 12 - 1 所示。

表 12 - 1　2021 年北京影院票房 Top10

序号	影院	票房（万元）	场次（场）	人次（万）	平均票价（元）	天数（天）	场均人次（人）
1	首都电影院西单店	3505.50	24740	57.22	61	348	23
2	北京寰映合生汇店	3194.22	21764	53.16	60	365	24
3	金逸北京大悦城 IMAX 店	3178.26	18131	49.59	64	365	27
4	北京英嘉国际影城	3177.55	21037	45.03	71	365	21
5	卢米埃北京长楹天街 IMAX 影城	2954.51	17635	49.81	59	365	28
6	北京通州万达广场店	2814.21	28580	48.78	58	365	17
7	UME 影城（北京双井店）	2605.06	21675	42.04	62	365	19
8	北京市金泉港国际影城	2545.09	41823	43.82	58	365	10

续表

序号	影院	票房（万元）	场次（场）	人次（万）	平均票价（元）	天数（天）	场均人次（人）
9	UME 影城（北京华星店）	2533.14	16419	35.80	71	365	22
10	金逸北京荟聚 IMAX 店	2447.87	21777	44.16	55	353	20

资料来源：根据艺恩娱数和光明网数据整理。

（三）北京电影票房在全国电影票房中的占比呈下滑趋势

疫情后北京市电影市场各项数据皆有所上升，电影市场呈现复苏趋势，但北京市电影票房在全国电影票房中的占比呈现下滑趋势，由 2014 年的 7.69% 下滑至 2021 年的 4.72%（见图 12-1），这个数据反映了两个方面的现象：一是北京市的电影票房已经逐渐趋于饱和，二是全国其他省份尤其是内陆省份的票房增速喜人，也从另一个角度反映出中国电影总票房的增长。从 2021 年数据看，2021 年中国电影票房总数已达到世界首位，全国银幕数为 81317 块，巨型银幕规模世界第一，观影人次过去 5 年超过 80 亿。

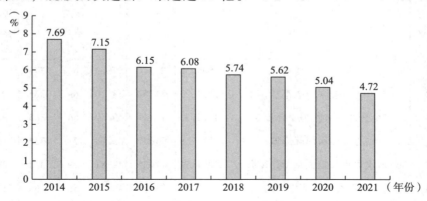

图 12-1　2014～2021 年北京电影票房在全国总票房中的占比

资料来源：根据艺恩娱数和光明网数据整理。

（四）北京国际电影节成为 2021 年重焕观影热情的一大推动力

北京国际电影节（BJIFF）创办自 2011 年，是由北京市人民政府、国家广播电影电视总局等联合举办的国际化、市场化的以电影为主题的大型活动。北京国际电影节汇聚国内外优秀电影资源，成为电影爱好者交流、交易的平台，也是北京市影迷的一场观影盛宴。北影节提供了多风格、多国别、多题材的优秀电影在"北京展映"板块放映，北京市居民可在指定渠道进行购票参与观影，设置"天坛奖主竞赛""修复经典""注目未来""大师回顾""女性之声""镜界""缤纷动画"等观影板块，满足观影爱好者多样化的观影需求。

北京国际电影节平台引领作用显著，第十一届北京国际电影节期间，共有 44 个重点项目、39 家企业在北京市场签约发布，总金额达到 352.23 亿元，同比增长约 6%，破往年纪录。北影节举办的 11 年中，共促成签约了 346 个重点项目，交易总额累计达 2002.51 亿元，①具有较大的国际影响力，有力促进了北京市文化产业的发展。

在 2021 年 9 月 21~29 日第十一届北京国际电影节期间，万名观众走进影院欣赏 300 部精选电影作品，放映规模恢复至疫情前水平，且首次走出北京，在天津、河北设置展映厅，带动周边省市电影市场，放映场次达 1000 余场。展映观看名额 9 秒售罄，可见北京国际电影节受欢迎的程度。

（五）疫情后国产片观影热潮再达新高

新冠肺炎疫情在全球扩散，对各地文化产业都造成了严重冲击。2021 年我国生产制作电影 740 部，较上年增长 13.8%，非故事片产量明显增多，但未追平 2019 年疫情前的数据。国内总体供片数量充

---

① 《第十一届北京国际电影节落幕 向世界交出"北京方案"》，中国新闻网，https://www.chinanews.com.cn/yl/2021/10-01/9578144.shtml。

足，票房稳步增长，符合我国内循环的政策导向。进口影片供应量持续不足，受疫情及其他因素影响，2021 年我国共引进进口电影 67 部，与疫情前引进数量具有较大差距。进口片票房也因此降低，2021 年进口片票房仅占总票房的 15.2%，与疫情前的 230 亿元、占比 25.9% 存在较大差距。

2021 年我国电影票房突破 200 亿元，其中《你好，李焕英》等 6 部国产片成为票房主力，《长津湖》《你好，李焕英》《唐人街探案 3》三部影片票房进入全球票房的前 10 名。与此相反的情况是，进口片在国内票房接连失利，2021 年只有《速度与激情 9》和《哥斯拉大战金刚》两部进口片进入中国电影票房前十名。春节档《熊出没·狂野大陆》、暑期档《白蛇 2：青蛇劫起》均取得不错的票房成绩。猫眼发布的《2022 春节档电影市场数据洞察报告》显示，2022 年电影春节档七日总票房为 60.35 亿元，其中动画电影《熊出没·重返地球》七日票房为 5.62 亿元，再创春节档动画电影票房纪录。

本土影片依然可以出现年度爆品表明，北京观众乃至全国电影观众对于拥有优质内容的电影怀抱热情，愿意支持优秀作品。电影市场只有不断洞察观众内容偏好，制作出人民群众喜闻乐见的文艺作品，打造符合市场规律的优质内容，才能切实拉动供给需求，形成良性发展的电影市场。

四　北京电影休闲消费特点分析

（一）购票后置性

据统计，2017 年全国上映电影票房中首日票房占全年总票房的 20.2%，非首周票房占比 46.1%，而 2021 年首日票房占全年总票房的 15.8.%，非首周票房占比 57.5%，近三年预售票房比例下降明显，可见疫情管控政策下消费者决策更加理性，减少超前预购，以降低不可控因素的影响，也从侧面反映出影业优惠力度降低，未达到显著刺激消费效果。消费者购票存在后置性，影片生命周期拉长，电影口碑对于票房增长将出现更为显著的长尾效应影响。

（二）假日档火爆

纵览北京市 2021 年电影消费数据，观众选择在节假日观看电影时间更为集中，更多地选择春节、元旦、国庆、五一等节假日，假日影片的价格、消费人群数量、总体票房等都明显高于平日，集中时间看大片成为电影消费的一大特点。表 12 - 2 列出了 2021 年北京市影院各档期票房，从表中我们可以看出，2021 年全年假期档期总票房超过全年的 50%，其中在北京市全年票房占比前 5 的档期包括暑期档、春节档、国庆档、贺岁档、五一档，占比分别为 16.44%、11.80%、7.71%、6.55%、3.08%。2021 年非假日档期的北京票房共 5.77 亿元。另外，票房受疫情影响明显，2021 年暑期北京疫情反扑，各地执行防疫政策，暑期档票房 3.62 亿元，较 2019 年下降明显，为 2014 年以来最低暑期档票房。

表 12 - 2 2021 年北京市影院各档期票房

单位：百万元，%

档期	时间范围	2021 年票房	全年票房占比
暑期档	6.1 ~ 8.31	362.4	16.44
春节档	2.11 ~ 2.17	260.14	11.80
国庆档	10.1 ~ 10.7	170.1	7.71
贺岁档	12.3 ~ 12.31	144.5	6.55
五一档	5.1 ~ 5.5	67.88	3.08
元旦档	1.1 ~ 1.3	52.55	2.38
情人节档	2.14 ~ 2.14	48.9	2.22

档期	时间范围	2021年票房	全年票房占比
清明档	4.3~4.5	30.63	1.39
中秋档	9.19~9.21	29.49	1.34
端午档	6.12~6.14	25.8	1.17
七夕档	8.14~8.14	9.78	0.44
六一档	6.1~6.1	6.8	0.31
妇女节档	3.8~3.8	4.9	0.22

注：为保证各档期时间不重合，本文将贺岁档时间限定于12月3日至12月31日范围内。
资料来源：根据艺恩娱数整理。

（三）票房分化严重

2021年头部电影票房取得断层式领先的好成绩，第一梯度的三部热门电影票房均超过45亿元，第二梯度九部电影票房在10亿元以上，位于第三梯度的电影票房不足10亿元，票房分化严重。2021年春节档影片《你好，李焕英》《唐人街探案3》、国庆档献礼影片《长津湖》均为北京地区创作生产，占据头部电影市场，打破多项影史纪录。《你好，李焕英》在北京地区2021年全年获得20088.28万元票房，获得票房好成绩。

（四）北京市影票均价增长，居民电影消费意愿高、购买力强

据统计，2019年北京市居民人均教育文化娱乐支出4311元，占人均消费支出的比重为10%，远高于全国3.9%的平均水平。2021年北京市居民人均消费支出43640元，受疫情影响，人均教育文化娱乐支出3348元，同比增长21.0%，仍为全国领先水平。其中，城镇居民人均教育文化娱乐支出3665元，同比增长21.3%。①

---

① 《2021年北京居民人均消费支出同比增长12.2%》，中国经济网，http://district.ce.cn/zg/202201/20/t20220120_37274115.shtml? from = timeline&isappinstalled = 0。

近五年影院平均票价呈增长趋势，2021 年电影票均价达 49 元（见图 12 - 2）。在票源紧张时期，甚至有影院将票价提至近 200 元一张。政府、影院、互联网平台等在票价上的优惠补贴减少，消费者们更少地享受电影票价优惠，但在巨大的观影需求下，北京居民对电影支出只增不减，2021 年北京影院放映场次 335.4 万场，较 2020 年增加了 189.4 万场，同比增长 129.73%。观影人次达 4224.38 万，可见北京居民在文娱休闲业上有较强的消费意愿和购买能力。

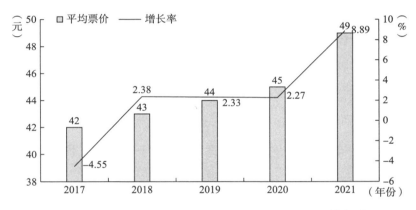

图 12 - 2　2017 ~ 2021 年北京影院平均票价及增长率

资料来源：根据艺恩娱数整理。

（五）主旋律电影"叫好又叫座"

20 世纪 80 年代末，我国推出一系列庆祝新中国成立四十周年的献礼电影，例如《开国大典》《巍巍昆仑》《共和国不会忘记》等，①这 20 余部电影唱响了主旋律，与当时的娱乐化商业电影交锋，结果却不尽如人意，消费者只"叫好"不"叫座"，1991 年观影人次比上一年下降 11.1%，减少 18 亿观众，放映场次比上一年下降 4.8%，减少 138 万场。财政补贴难以支撑，电影业走向萧条。

---

① 孙明强：《市场与规制：国产商业电影市场的实证研究》，博士学位论文，武汉大学，2013。

而今《战狼 2》《我和我的祖国》《长津湖》等京制电影的火爆实现了战争、剧情等多元商业类型的融合突破，主旋律电影商业化走向成功，实现了"既叫好又叫座"，打造出了符合市场的优质内容。

2021 年是中国共产党成立一百周年，中国电影人用实际行动创作出一系列高质量红色影片，庆祝党的生日。《长津湖》《我和我的父辈》等精品巨作鼓舞人心，占据十一国庆档票房榜前列，国庆档七天取得了 42.9 亿元票房的好成绩，同比 2020 年增长 10.6%。京制电影《长津湖》票房更是打破 30 多项世界纪录，超 1.22 亿人次观众走进影院观影。优秀战争题材电影塑造出的鲜活饱满的人物形象给观众以极强的代入感和共情感，带观众回望历史，致敬英雄。高质量红影唱响主旋律，唤起观众心中的爱国情怀，给观众以绝佳的试听体验，赢得市场青睐。

（六）北京电影人均消费全国领先，但与欧美人均值仍有差距

在全国地级以上的 337 个城市中，2021 年北京市票房总收入以 22.05 亿元位居第二，电影出票超过 1000 万张，人均电影消费在全国领先。尽管北京市票房领先，但我国人均观影指标依然不足。以人均观影消费看，我国数据不及美国市场的长期人均值的 1/4，这与人人都可以享受文化产业，建设电影强国目标的实现还存在距离。目前，家庭巨幕观影市场正在发展，未来还有很广阔的成长空间。

五 电影休闲发展建议

影院是娱乐休闲消费的重要选择之一，是人们娱乐放松的主要途径之一。电影也是文化产业中最重要的组成部分，能够显著带动国民经济增长，也是国际文化竞争的重要部分。根据 2021 年北京市电影休闲消费特征，为北京市观影业的发展提出如下建议。

（一）充分挖掘观影人群特征，合理排片推动电影消费

2021 年是中国共产党成立一百周年，《长津湖》《我和我的父辈》等系列高质量红色影片精品巨作鼓舞人心，占据十一国庆档票房榜前列，创下中国电影市场票房新高，展现了北京影业在疫情下的强大活力。《2022 春节档电影市场数据洞察报告》显示动画电影《熊出没·重返地球》七日票房为 5.62 亿元，再创春节档动画电影票房纪录。动画电影公司基于我国传统文化 IP 进行多次创新，北京动画电影制作团队利用先进动画科技、个性张扬的叙事方式重述传统故事，创造出针对"网生代"、面向全年龄段的优质动画电影。电影消费受观影人的消费习惯和消费特点影响，每种类型影片背后都有庞大的观影人群，因此充分挖掘不同档期、不同类型影片的消费人群特征，进行合理排片，有助于推动电影消费的增长。

（二）制定有效策略，拉动更多人群在不同档期进入影院消费

从 2021 年的数据可以看出，北京市影院假期档票房超过北京市全年票房收入的 50%，平日观影人次、票房等都尚未充分挖掘，还有强大的市场潜力。此外，2022 年春节档期票价相较于往年有了很大的增幅，票价的提升究竟对票房的提升是推动作用还是抑制作用，尚未形成统一意见。为此，应制定合理的分段票价、优惠政策，拉动更多人群的观影热情，推动票房、观影人次、人均消费等数据的全面提升。

（三）推动数字化放映提升视听质量

创新科技的应用是行业的选择，也是市场的选择。2020～2023 年，有超过 6.8 万亿美元资金投入数字化转型的工程中，2022 年数字化发展将推动全球过半 GDP。我国电影制作行业也正向数字化转型，

数字图像处理技术、计算机动画、数字视频技术、智能技术下自动化生成视频、智能化配音等一系列创新科技被运用于电影制作上，极大地提高了电影的制作效率和视听质量。Weta 等世界一流视觉特效公司开始将机器学习、机器视觉等运用在制作高难度数字视觉特效上[1]，实现视觉表达多样化和创新化发展。新技术的创新、数字化和智能化发展改变了流水线式制影方式，为观众带去视听盛宴，让电影行业拥有无限可能。为了保证电影观影质量，影院在数字播放设施、IMAX、巨幕、4D 电影等方面都应该有所提升，以适应先进电影制作技术的发展。

（四）推动电影周边产品的消费

欧美等发达国家在电影周边产品的创新设计、营销策略等方面较我国更为领先。电影和游戏、动漫等具有紧密的关系，国际上一些成熟的 IP 往往是由动漫或游戏改编，从而衍生了大量的具有巨大消费市场的电影周边，如电影海报、玩具、模型、服装等，较为成功的案例如《哈利·波特》、《指环王》、漫威电影等，都具有丰富的电影衍生产品。这些产品和电影是一种互为补充和相互促进的作用，在推动电影人均消费水平和电影整体收入上具有非常显著的作用。而我国目前的电影运作在这一块的投入和产出尚未被充分挖掘。在重视和保护知识产权的同时，支持电影公司挖掘素材库资源形成版权，并进行二次开发和利用，能够有效推动电影休闲的高质量发展。

（五）提升电影制作水平，从源头上提升电影消费

自 2015 年以来，《西游记之大圣归来》《大鱼海棠》《风雨咒》

---

[1] 《促进北京电影产业在"两区"建设中高质量发展的对策建议》，网易网，https://www.baidu.com/link? url = PPfhpkDLZHo8kttQIXTnYnOida7QWiu8hZxjG_OIo_dC - ezGlrryQ9OT_NT9PNHZ7Z7G5vtz1mZT9MK7WWa_ga&wd = &eqid = 8c03f3d000068faf00000006622ab24b。

等电影热映，观众对中国动画电影充满信心，京制动画电影《白蛇：缘起》《哪吒之魔童降世》等神话故事 IP 巨作广受市场欢迎，又把动画电影推向一个新高度。北京精彩时间文化传媒有限公司等联合制作的《雄狮少年》打破神话 IP，回归现实生活题材，实现动画电影展现现实生活的突破。北京有央视动画、追光人、北京若森数字科技有限公司等著名动画电影制作公司，从长远来看，动画电影仍有较大进步空间，基于我国传统文化的创新还有很多可能性，观众对动画电影充满期待，且较为包容，北京动画电影市场前景广阔。

完善产业链，与上下游合作共同建设影视生态圈，开发高质量影视作品的衍生产品，提高整体商业价值。生态圈可有效提高文化产业价值，提高影视竞争优势，例如迪士尼将其产品和服务扩展至全产业链，近期扩展至在线主流媒体视频服务，进行数字化转型。北京市影业也可围绕已有作品进行二次创新开发，将影视与小说、音乐、游戏、服装、主题乐园等联动，延长产业链，带动区域文旅发展。

13　门头沟休闲民宿发展研究

邹兆莎*

摘　要　作为典型的生态涵养区，门头沟区自退出以煤矿为主的资源型产业以来，着力发展以旅游业为主的替代产业，努力探索绿色转型发展之路。2018 年以来，面对构建国际国内双循环新发展格局的新形势、实施乡村振兴战略新要求、适应文化旅游消费升级新需求，门头沟区委区政府选择民宿作为推动山区绿色发展的新支撑点，培育乡村精品民宿，打造"门头沟小院"精品民宿区域性品牌，将"门头沟小院"精品民宿打造成京西高端生态休闲新空间、践行"两山"理论新样板、全区绿色发展新名片，为促进京西生态涵养区转型发展提供新动能。

关键词　乡村振兴　门头沟小院　精品民宿　门头沟

一　门头沟区旅游资源丰富，但旅游总量不大

门头沟区位于北京西部，面积 1455 平方公里，山地占 98.5%，是首都重要生态屏障、水源涵养地和北京城市文化源头，被生态环境

---

* 邹兆莎，门头沟区文化和旅游局，研究方向为乡村旅游、乡村民宿、旅游规划等。

部评为"绿水青山就是金山银山实践创新基地"。区域海拔 1500 米以上山峰 100 余座，国家、市级重点风景名胜区 5 处，国家级自然保护区 1 处，国家级森林公园 1 处，国家特色景观旅游名镇 2 个，国家地理标志产品 4 个，国家级历史文化名村 3 个，国家级传统古村落 12 个，市级传统古村落 14 个，京西古道 570 余公里，国家 A 级旅游景区 17 家，4A 级景区 4 家，"门头沟小院"营业精品民宿 49 家，正在建设的精品民宿 17 家、星级宾馆 3 家。

二 生态立区转型发展，发展精品民宿
推进乡村振兴

北京市门头沟区是首都的生态涵养区、老矿区、革命老区，为北京的发展建设做出了"一盆火""一腔血""一桶金""一片绿"的历史奉献。自 2014 年以来，门头沟区贯彻落实新版北京城市总规划赋予的功能定位，积极解放思想，调整以煤炭采掘和传统农业为基础的产业结构，关停煤矿，彻底终结地区千年采煤史，有序推进疏解整治促提升专项行动，一批环境不友好的、市场不需要的、手续不规范的产业产品被疏解整治，区域产业经历转型升级空档期、新旧动能转换期、提质增效阵痛期。按照北京市委书记蔡奇同志 2018 年以来八次调研指示要求，区委区政府坚持以习近平生态文明思想为指导，践行"绿水青山就是金山银山"理念，坚定以首都发展为统领，坚持生态立区、文化兴区、科技强区，筑牢首都西部生态屏障，战略选择精品民宿产业作为践行"两山"理论的主要载体，作为门头沟区绿色高质量发展，决战脱贫攻坚，实施乡村振兴战略具体实践，作为培育壮大"文旅体验"产业，发展"精品旅游"的突破口。通过持续优化营商环境，以高质量发展为主线，以创新为动力，深化供给侧结构性改革，集成乡村振兴集体产业用地改革、村庄民宅风貌管控机制改

革、乡村民宿证照办理审批改革等一系列改革成果，助推"门头沟小院"高质量绿色发展，成功将"门头沟小院"精品民宿打造成为"北京样板"，初步打响了"门头沟小院"精品民宿品牌。

三 改革创新，探索精品民宿可持续发展"门头沟"模式

（一）创新规划引领模式，构建精品民宿发展支撑体系

针对精品民宿缺少科学引导、乡村建设项目落地难、公共服务配套不足等问题，门头沟区成立专门领导小组，加强顶层设计，整合部门资源，努力打造规划清晰、推进高效、发展有序的乡村民宿发展格局。

一是构建产业规划引领体系。成立区精品民宿发展工作领导小组，由区委区政府主要领导任组长，下设政策服务与区域协作、项目牵审推进、流转合作与资金管理、规划建设及验收管理、宣传推介五个工作专班，制发《推进精品民宿发展工作实施方案》《门头沟区关于推进"门头沟小院"精品民宿高质量发展的工作方案》《"门头沟小院"精品民宿扶持办法》等系列文件，加强对全区精品民宿产业发展的战略谋划和系统布局。

二是构建精准供地规划体系。积极探索乡村振兴集体产业用地改革，编制《门头沟区乡村振兴集体产业用地实施规划》，按照村地区管、镇级统筹的方式，围绕"门头沟小院＋"田园综合体、公共服务和旅游配套设施等建设需求，提供灵活分散式的供地，将城乡建设用地指标向农村地区倾斜，以社会投资简易低风险项目结合点地分散化块的方式供应旅游项目建设用地，保障发展精品旅游、精品民宿所需用地。

三是构建闲置农宅盘活利用信息体系。开展宅基地摸底调查，对

全区 3100 余处闲置农宅分类建立信息台账，并依托旅游发展规划、美丽乡村规划等专项规划，探索建立闲置农宅基础数据信息库。

（二）创新帮扶助力模式，构建精品民宿营商环境体系

针对乡村民宿分散、单体体量小，以及民宿融资难、运营办证难等问题，门头沟区不断优化营商环境，依托市级资源推介平台做好宣传推广，对多部门扶持政策进行统筹集成，成立专项资金加强金融扶持，并结合新需求持续提档升级，积极构建绿色发展营商环境体系。

一是搭建推介平台。搭建常态化宣传推介和村企对接平台，与市文旅局携手每半年召开一次北京精品民宿发展论坛暨"门头沟小院"推介活动，整体打包、集中展示优质乡村资源，吸引全国优秀民宿企业落地发展。2019 年以来先后推介了 58 个美丽乡村资源，促成 37 个村企合作项目达成意向、签约或落地，创新推出"小院喊你来串门儿，进门就是一家人"特色推介主题，并在各大媒体、服贸会、旅游展会平台集中宣传展示，统一"门头沟小院"Logo，研发"门头沟小院"预订推介平台，依托"大数据"打造涵盖宣传推介、政策发布、招商咨询、在线支付等功能的一体化线上平台，成立旅游协会民宿分会，为民宿企业搭建经验交流、信息共享和市场对接平台。

二是集成支持政策。在精品民宿发展服务手册 1.0 版 23 项扶持政策的基础上，持续升级至 3.0 版，推出"门头沟小院"升级服务包，有针对性地提出"10 + 1 + N"政策体系，即 10 项引导政策、1项退出机制和 N 项补充政策，鼓励支持通过"村集体经济组织 + 投资企业"模式发展精品民宿，新增了"建立风险补偿基金"通过"以奖代补"的方式，鼓励政策性融资担保机构为民宿投资企业提供更广泛、更大规模的贷款担保服务；发挥与西城区共同设立的 8 亿元乡村振兴绿色产业发展专项资金的作用，通过贷款贴息、担保费补贴等方式撬动社会资本参与精品民宿建设；创新推出"门头沟小院"消

费券，带动民宿销售金额达 115 万元，解决民宿周一到周四入住率问题。

三是先行先试。民宿纳入政采改革走在北京市前列，通过区委区政府积极申请，市政府同意将门头沟小院精品民宿纳入政府采购会议定点目录，首批 11 家精品民宿成功入围会议定点目录，吸引符合条件的政府会议到门头沟区精品民宿举办，用好用足政策效应和试点红利，在"周一至周四"问题上发挥有效作用，不断创新"两山"理论转化路径。

四是精准帮扶纾困。搭建精品民宿"一站式"服务平台，针对项目落地难问题，重塑快速审批"流水线"，把审批时间压缩到 2 个月；落实《北京市关于促进乡村民宿发展的指导意见》等文件精神，在全市率先办理完成"槐井石舍""爨舍""有关"等 34 家精品民宿"一照、两证、一系统"，即办理营业执照，公共场所卫生许可证、食品经营许可证，安装使用公安机关的信息采集系统，有效解决了精品民宿证照不全等运营难题。

（三）创新约束管理模式，构建精品民宿规范管控体系

针对乡村建设中整体风貌保护、农宅流转中农民权益保障、民宿运营中企业稳定经营等难题，创新约束管理机制，引导乡村民宿坚持以农为本、共建共享、有序发展。

一是健全风貌管控体系。制定《门头沟区村庄民宅风貌设计导则》，对村庄民宅风貌建设进行分类引导和管控，明确在村庄民宅建设中坚持村址不变、宅基地不变、胡同肌理不变、文物古树位置不变、一户一宅不变、老宅院不变等"六个不变"原则，确保在实施精品民宿"门头沟小院"建设中，不仅"体现出特色"，还要"留得住乡愁"，严格做到不破坏乡村整体风貌。

二是规范农宅流转程序。制定《关于进一步加强全区农村宅基地

及建房管理的通知》，明确农村集体经济组织及其成员可以依法通过盘活利用闲置宅基地和闲置住宅发展民宿等新产业，但盘活利用中要发挥村级集体经济组织作为农村宅基地所有权主体代表作用，集体经济统一流转，并通过区农村产权交易中心统一对外租赁，租赁期限不得超过 20 年，有效保障农民利益。

三是完善权益保障机制。由区法院与区文旅局共同签订《建立服务保障民宿产业发展工作机制合作协议》，编制了《民宿产业法律风险防控指南》，涉及 5 个方面共 51 条，推进政策引导、行政管控功能与风险防控、矛盾化解功能的体系化融合，有效保障精品民宿产业健康发展。通过规范有序地发展精品民宿，村民享受到了村集体收入、房屋租金、资产收益、工资性收入、农产品经营性收入中的一种或多种收益，真正实现了生态富民。

（四）创新产业延展模式，构建精品民宿品牌塑造体系

针对村庄整体环境不佳、企业创新意识不强、产业延展互通不够等问题，门头沟区通过产业联动、奖励激励、资源对接等方式，不断激发民宿企业的精品意识、创新动能和发展活力，推动建成一批有故事、有体验、有品位、有乡愁的"门头沟小院"，打造精品民宿发展的"门头沟样本"。

一是在"美"上下真功夫。落实美丽乡村建设三年行动计划，以创建全国文明城区为抓手，实施厕所革命、水环境治理、村庄清洁行动等工作，推动农村人居环境提档升级，并与北京电影学院合作开展"影像助力美丽乡村发展"活动，打造"一村一摄影师""一民宿一摄影师"品牌，引导镇村、民宿企业在"美"上精耕细作。2019 年荣获全国村庄清洁行动先进县，成为全国农村生活污水治理示范区，成为国务院办公厅通报中全市唯一的"开展农村人居环境整治成效明显的地方"，在 2019 年以来全市累计进行的 6 次农村人居环境整治全

面核查中，综合排名全市第一。

二是在"优"上搭真擂台。聚力提升民宿企业精品意识，每年举办"门头沟小院"评星创优擂台赛，按照国家级旅游民宿评定标准，对参赛的民宿企业进行考核评定，为获奖小院颁奖授星，并按等级分别给予 5 万 ～ 10 万元奖励；每年举办"门头沟小院"设计大赛，吸引国内外优秀设计团队参与项目设计，按照专家评审和网络投票结果，按四个等级奖项分别给予 2 万 ～ 10 万元奖励，在设计阶段支付 50%，完工后再根据建设效果支付剩余款项；开展"大厨下乡"结对帮扶活动，推广"一种食材、一手好菜、一桌好饭、一个好故事"，开展"魅力主人""绿领管家""金牌厨娘"系列培训，全力提升民宿服务水平。

三是在"＋"上做真文章。在门头沟小院"＋"上做文章，与清华大学、北京电影学院、北京演艺集团、同仁堂集团、首农等高校名企合作，探索"门头沟小院"＋六大文化、＋百果山、＋影视艺术、＋医药康养、＋文化演艺、＋中医养生、＋特色农业等路径，在满足"吃住行游购娱"的同时，对接"商养学闲情奇"新六要素需求，如围绕"门头沟小院＋百果山"，清水镇李家庄村建立拇指姑娘奇异莓园区，通过"品种科研＋基地生产＋储藏加工＋品牌销售"，2020 年带动低收入户年均增收 6900 元；与北京同仁堂集团、北京演艺集团等企业深化战略合作，创新文旅休闲与健康养老等产业深度融合模式，不断提升"门头沟小院＋"精品民宿的产业带动力。创新"门头沟小院＋户外徒步"，开展"徒步月月走"活动，开发 9 条徒步小院路线，吸引华为等机构参与人数近 2000 人。打造雁翅田庄、潭柘悦心谷、清水花海、王平古道、妙峰山苇甸田园 5 条"门头沟小院＋"田园综合体主题特色沟域，投资近 6000 万元。全面梳理 117 个村 1328 处红色资源，推出 18 条红色精品旅游线路。特别是紧抓"一线四矿"建设契机，推动精品民宿与"一线四矿"融合发展，打造绿水青山间的"流动民宿"。

四 工作成效

（一）初步实现打响"门头沟小院"精品民宿品牌目标

三年多来，门头沟区把发展精品民宿作为推动"绿水青山"向"金山银山"转化的有效路径，紧抓市级部门、企业和西城区部分国企与门头沟区相关镇村结对帮扶，以及门头沟区与北京电影学院、同仁堂集团、北京演艺集团等高校名企战略合作的重大契机，构建起以精品民宿发展服务手册为代表的政策体系、乡村振兴绿色产业发展专项资金保障体系，深化了与金融机构合作，推出信贷等支持政策；创新拓展了"门头沟小院"+六大文化、+百果山、+影视艺术、+医药康养、+文化演艺等多种路径，在全市率先破解了精品民宿"一照两证一系统"手续办理难题。涌现出"创艺乡居""百花山社""槐井石舍""古道山居""爨舍""有关""紫昛山庄""一瓢"等一批独具特色的精品民宿品牌，多家精品民宿成为网红打卡地。北京市委书记蔡奇同志在2021年3月2日全市农村工作会上，充分肯定了门头沟区乡村振兴集体产业用地改革、门头沟小院等工作，指出"探索农村集体建设用分散式供地模式，门头沟做得很好""要总结推广'门头沟小院'等经验做法，打造更多精品民宿品牌"。

（二）初步实现"门头沟小院"精品民宿带动旅游增收目标

经过近三年发展，门头沟区营业精品民宿从2019年的15家，到2020年的37家，再到2021年底的49家，截至目前，"门头沟小院"精品民宿已覆盖54个村，53家精品民宿营业，盘活闲置农宅300余处，总体接待能力超2000人，2021年接待游客8.7万人次，同比增长209.6%，实现收入3501.7万元，同比增长101.7%。2022年春节期间，在政府就地过年政策的倡导下，游客到郊区"包个小院儿过大年"、住民宿成为假日新宠，"门头沟小院"精品民宿接待人数 3583 人次，同比增长 23.81%，综合收入 253.71 万元，同比增长 91.73%，人均消费大幅提升，体现出小众精品集约发展的高附加值。

（三）初步实现"门头沟小院"精品民宿带动乡村振兴目标

通过发展"门头沟小院+"精品民宿，盘活乡村闲置农宅，促进山区文旅体验产业提质升级，构建"公司+集体+农户"三大主体利益联结机制，让农村和农民享受到"门头沟小院+"带来的红利，2020 年全区低收入农户人均可支配收入 18015 元，同比增长 17.9%，高于北京市平均增速 1.1 个百分点，高于全区居民增速 15.4 个百分点，北京市排名第二。民宿经营主体通过优化自身服务，对接"门头沟小院+"的丰富内涵，增强精品民宿的特色竞争力，更好延揽客户，获得经济收益。村集体经济组织通过参股、管理服务等形式，获取相应的收益，即可通过租金收益、林权收益、工资性收入、农产品经营性收益、村集体收入、资产收益等六种方式中的若干种方式增加收入，提升增收致富能力。截至目前，"门头沟小院+"精品民宿吸纳本地人员稳定就业 70 人左右，季节性临时雇用本地员工超过 100 人。比如，在创艺乡居民宿担任管家的低收入户张建梅，年收入 4 万元，成功实现脱贫。村庄人居环境通过发展精品民宿得到改善提升，其一闲置农宅发展民宿直接得到更新改善，其二为发展精品民宿，社会资本通常会投资完善周边人居环境，完善民宿周边基础设施，比如，创艺乡居项目投资公司按照美丽乡村规划为精品民宿所在村庄梁家庄村新增加了道路、河桥、观景台等景观点，实施了梁家庄村委会花坛摆放、墙壁挂花、主路街景绿化、村内 81 盏红灯笼亮化、24 幅墙壁画等工程，提升和美化了梁家庄村产业运营环境，村容村貌极大改善，梁家庄村荣获《2020 年最美休闲乡村》奖牌，创艺乡居民宿入选《2021 世界旅游联盟——旅游助力乡村振兴案例》。

IV 案例篇

14　海淀小毛驴市民农园发展研究

陈奕捷　赵　晨　黄志友*

摘　要　　大城市经济和社会发展到了一定程度、人均收入及消费达到一定水平的时候，都市农业就会出现。绿色休闲功能和促进城市人对农业的理解，是都市农业的重要功能。市民农园是都市农业的典型业态之一，它是处于大都市地域内的绿色空间，集合了生产、生活、生态三大功能，是农业在都市区域内的发展新形式，是市民以劳动、收获的形式积极休闲的新空间。北京小毛驴市民农园随着北京的城市化而产生，是都市农业的典型。利用闲暇时间参与其中的市民，领略到农业生产本身所带有的绿色、生态、生命内涵特质，享受亲近自然、亲近乡土、追求健康的生活方式，提升了休闲生活的品位和品质。

关键词　　市民农园　都市农业　休闲农业　海淀

休闲农业是都市农业重要的业态之一。"都市农业"的概念，是

---

* 陈奕捷，北京市农村经济研究中心资源区划处处长，经济师，研究方向为农业区域发展、休闲农业与乡村旅游；赵晨，北京观光休闲农业行业协会副秘书长，研究方向为休闲农业与乡村旅游；黄志友，北京小毛驴市民农园联合创始人、总经理，农业推广硕士，研究方向为都市农业与乡村振兴。

20世纪五六十年代由美国的一些经济学家首先提出来的，它是指在都市化地区，利用田园景观、自然生态及环境资源，结合农林牧渔生产、农业经营活动、农村文化及农家生活，为人们休闲旅游、体验农业、了解农村提供场所。换言之，都市农业是将农业的生产、生活、生态"三生"功能结合于一体的产业。小毛驴市民农园位于北京西郊著名自然风景区凤凰岭山脚下，是北京市第一家市民农园，也是国内发展较早、影响力较大的市民农园，是北京都市农业的一个典型代表。

一 小毛驴市民农园的创立与发展

小毛驴市民农园创立于2008年，位于海淀区苏家坨镇后沙涧村，占地15.3公顷，是中国人民大学农业与农村发展学院和海淀区人民政府的共建项目，以借鉴"农业三产化、社会化"的国际经验，发展"市民参与式合作型现代生态农业"为核心的产学研基地。农园的土地由海淀区苏家坨镇后沙涧村提供，日常经营管理则由中国人民大学乡村建设中心所属的国仁城乡（北京）科技发展中心负责。农园成立以来，积极倡导并实践"发展生态农业、支持健康消费、推动公平贸易、促进城乡互助"的理念，推动食品安全、生态文明与城乡良性互动，促进中国城乡统筹和可持续发展。其发展历程大致可分为四个阶段。

（一）规划建设阶段（2008年）

小毛驴市民农园从2008年4月立项，到2008年底，用不到一年的时间，基本完成了园区规划和基础设施建设，具备了农业生产能力。从自然条件看，这里曾经是一片多年荒弃的苗木地和农地，经检测，园区土壤符合有机耕作要求；从规划设计看，在我国台湾地区著名生态建筑师谢英俊先生领导的乡村建筑工作室的支持下，按照生态农场的要求，完成了整个农园的景观与建筑规划设计工作；从生产要素看，按照种植养殖相结合、资源循环利用的要求，设计与建造了发酵床猪圈，布局了农作物种植区、畜禽养殖区，并配套了废弃物收集利用设施。

（二）单一产品试运营阶段（2009年）

2009 年，小毛驴市民农园在对基础设施建设进行扫尾和对园区进行绿化美化的同时，于 3 月正式对外运营。初期的主要业务是市民租地和蔬菜配送，产品相对单一，服务内容也较少。由于市民农园在我国是一新生事物，一经推出，便受到了媒体的广泛关注，进行了大量宣传报道。

（三）多产品综合发展阶段（2010～2015年）

在试运营一年之后，小毛驴市民农园于 2010 年对外全面开放，经营内容逐步增多，开展的活动进一步丰富，管理服务更为规范，参与的市民越来越多。2010 年 1 月，由小毛驴市民农园牵头，组织召开了第一届全国社区支持农业（Community Supported Agriculture，简称 CSA）经验交流会。2011 年，小毛驴市民农园利用园区特有的农业环境和教育资源，专门为孩子们开设了田间学校和 DIY 木工坊，举办各种自然教育活动。2012 年，增设"亲子社区"，为数千个家庭和孩子提供了接触自然的机会。2012 年 10 月，农园针对劳动份额成员成立"劳动份额社区委员会"，让市民组织起来，通过自我管理和自我服务，参与小毛驴市民农园的社区经营，这在市民农园的发展史上有划时代的意义。但是，由于外部发展环境的变化，小毛驴市民农园在经历了 2009～2013 年的快速发展后，2014～2015 年小毛驴市民农园的劳动份额和配送份额都出现了一定下滑，主营业务收入下降较多。

（四）转型发展阶段（2016年至今）

创新是发展的动力源泉。从 2016 年开始，借势海淀区北部新区建设和地铁 16 号线开通，秉承"共建京西小毛驴、共创农业多业态、共享田园心生活"的理念，小毛驴团队积极探索转型之路，由过去多年来以蔬菜宅配和菜地租种为主的生产型农场，转型为包括耕作、农疗、食育、花艺、文创、自然保育等跨界融合、共创共享的教育型农场。

第一，改造升级农场休闲体验设施与田园景观，打造都市耕读生活社区。如今的小毛驴环境更优、风景更美，并于 2022 年 8 月正式成为生态环境部宣传教育中心自然学校能力建设项目试点单位。

第二，将始建于 2010 年的乡土家园农产品超市升级为"小毛驴供销社"，成为小毛驴孵化的全国各地 CSA 有机农场、返乡青年和农民合作社的健康有机农产品在北京的展销窗口，同时也丰富了小毛驴会员的家庭菜篮子。

第三，打造新农人众创空间（简称"农创空间"），先后与企事业单位、下乡市民、高校老师合作，成功引进并孵化了"乡土花草园"（2017 年）、"小毛驴生态池塘"（2017 年）、"中小学生农耕课堂实践基地"（2019～2022 年）、"食育工坊"（2019 年）、"残障人绿色有机农业农疗康复园"（2021 年）、"小毛驴可食用花园"（2022 年，前身为小毛驴发酵床猪舍）、"青年艺术户外营地"（2022 年）、"林畔小院"（2022 年）等共创项目，丰富了小毛驴的公共空间和研学内容，并通过开展生态体验、园艺疗愈、社会美育和艺术教育，吸引更多的北京市民、首都青年大学生关注、参与小毛驴的田园实践，培育农场经营与乡村振兴多样化人才，形成以"农"为核心、社会各界共建共享共创小毛驴田园生活的生态文明新风尚。

第四，从 2021 年起，结合乡村振兴战略的实施，小毛驴品牌走出北京，开始探索 CSA 模式从大都市下沉到县域的实践，推动北京绿色消费者社群及全国 CSA 网络伙伴与地方村集体生态产业经济的联动，就近吸纳新农人就业，激活地方发展活力，助力精准扶贫、乡村振兴与县域经济发展。2021年5月，北京小毛驴市民农园与福建屏南县熙岭乡四坪村联合创办了"小毛驴四坪农园"，启动生态农业、自然研学、乡村民宿等空间生态资源开发项目；2022年8月，陕西留坝县火烧店镇的"小毛驴艺术农园"示范项目也开始筹备启动。

二 多业态整合的农园发展模式

小毛驴市民农园将生态农业的种养模式与市民农园的经营管理相结合，形成了一个包含市民租地、有机农产品产销、生态农业示范、休闲农业、参观体验、社会参与、培训教育、技术研发、环境保护、理论研究与政策倡导等多领域相结合的综合发展平台（见图15-1）。

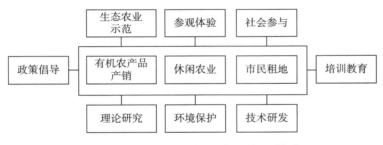

图 15-1 小毛驴市民农园发展模式

（一）在生产上，坚持生态农业种养结合模式

小毛驴市民农园在最初设计时，就体现了生态农业、资源循环利用等理念，既有种植又有养殖，既有农田又有草地和树林，各种元素相互配合，有利于发挥协同效应，形成良性生态系统和生态循环。在种植环节，主要是利用劳动替代资本的资本浅化机制，依靠人工种植，不使用化肥和大型农业机械，不使用转基因农作物种子。在土壤改良方面，主要措施包括制作堆肥、使用有机肥、禁用化学合成农药和除草剂。农园的肥料来源主要有三个途径：园区沤肥过程中使用的

微生物是园区自己采集和培养的土著微生物；园区自建堆肥栏，将厨余、菜叶和秸秆等原料，堆制成有机肥；以外购牛粪、蚯蚓肥作底肥，麻渣作追肥。在病虫害防治方面，农园追求整体生态系统的多样化，一方面利用天然植物制作的营养液，通过物理方法，防治病虫害；另一方面，通过轮作、间作、多样化种植、休耕等方式，尽可能地降低病虫害大规模发生的概率和风险。

（二）开辟租赁农园，发展体验农业

租赁农园又称劳动份额，是指市民在小毛驴农园承租一块农地（30 平方米为一单元），农园提供种子、水、有机肥、劳动工具等物质投入和必要的技术指导等服务，市民依靠自身劳动进行耕作，收成完全归市民所有。如果市民没有时间管理，可以委托小毛驴市民农园代为管理，托管费由市民承担。

根据市民与农园合作关系的不同，租赁农园又分为三种类型。一为自主劳动份额，市民需要自己打理菜园，从移苗到收获都由市民自主完成。二为托管劳动份额，市民只需自己播种和收获，其他农活可由农园代为打理。三为托管劳动份额高级套餐（两种），农园按照市民的要求，种植相应的农作物品种，并提供全面的管理和服务，收获的蔬菜等产品也由农园负责配送到市民家里。每种类型的面积、双方的权利义务、服务内容、费用等详见表 15 - 1。

表 15 - 1　小毛驴市民农园劳动份额类型

份额类型	菜地面积（平方米）	份额特征	服务内容	份额费用（元/年）
自主劳动份额	30	租用 30 平方米有机种植菜地，自己耕种、管理、收获，农园提供技术指导，每年 3 月下旬至 11 月中旬耕种	农资、工具免费，技术指导，免费活动	2500

份额类型	菜地面积（平方米）	份额特征	服务内容	份额费用（元/年）
托管劳动份额	30	租用 30 平方米有机种植菜地，专业师傅耕种管理，50 个蔬菜品种选择，自己收获蔬菜，每年 3 月下旬至 11 月中旬耕种	农资、工具免费，技术指导，托管服务，免费活动	4200
托管劳动份额高级套餐一	30	自选 30 平方米有机菜地，专业耕种师傅管理，每周一次免费采摘配送服务（每次 4 公斤）	农资、工具免费，技术指导，全部托管服务，免费活动，农园根据蔬菜生长情况进行采摘配送	6200
托管劳动份额高级套餐二	30	自选 30 平方米有机菜地，专业耕种师傅管理，每周两次免费采摘配送服务（每次 4 公斤）	农资、工具免费，技术指导，全部托管服务，免费活动，农园根据蔬菜生长情况进行采摘配送	7200

资料来源：《小毛驴市民农园 CSA 社员手册 2020》。

劳动份额是小毛驴市民农园的一项基础业务，深受市民欢迎，平均每年保持在 400 户左右。10 年来，累计为北京市 1000 多个市民家庭提供租地种菜服务，总蔬菜产量超 50 万公斤。

（三）开展蔬菜配送，促进产销对接

蔬菜配送又称配送份额，是指小毛驴农园的社区支持农业（CSA）会员预先支付下一季蔬菜份额的全部费用，农场按照预定计划负责生产各种健康蔬菜和其他农产品（含畜禽肉蛋），并与物流公司合作，定期定量配送给市民家庭，实现生产者和消费者的直接对接，确保食品安全。生产过程产生的各种风险由双方共同承担。市民可以不定期参与农园的劳动体验活动，并监督农园的农业生产，以确保农产品的品质。

配送份额是小毛驴市民农园结合社区支持农业（CSA）推出的一项创新业务。市民参与配送份额的数量，2009年为37份，2010年为280份，2011年为460份，2012年为620份，至今保持在每年400份左右。十年来，累积为北京市2000多个市民家庭提供了100多万公斤有机蔬菜。

（四）传播乡土文化，打造独具特色的市民休闲体验场所

小毛驴市民农园是对都市型现代农业实现形式的积极探索，是对农业生活功能的深度开发，是对乡土文明和农耕文化的挖掘、展示与传承。当市民与农园签订劳动份额合同后，就可以随时带家人、朋友到农园打理自己的菜园，参与农业生产劳动，享受亲近自然、认识作物、体验农耕、分享收获的愉悦。当市民加入配送份额成为农园的会员后，可以定期或不定期来农园参加劳动，体验当农夫的乐趣。与此同时，市民还知道了自己的食物是在哪里生产的，是何时生产的，是由谁生产的，因此吃起来更放心。"亲子社区"是小毛驴市民农园推出的家庭农业教育项目，家长可以和孩子一起认识植物、亲近动物、动手制作手工艺品、美食、木制玩具，或者晒太阳、欣赏风景、享受亲子时光。农园还是一个宣传教育的公益平台，每年都会组织各种主题活动，如为播种祈祷的开锄节，体验传统文化的端午节、中秋节，庆祝收获的丰收节，以及与生产者见面的有机市集、成员回访日等，并且对自然教育、都市农耕、食品安全等内容开办相应的讲座与课程，使市民与生产者互动，达到在参与中强体魄、在娱乐中长知识、在分享中增友谊的目的。

（五）扩大宣传教育，吸引公众参与

小毛驴市民农园通过对农业多功能性中"教育功能"的挖掘，以农园为载体，配合以田间地头聊天会、社区讲座、消费者交流会、开

锄节（有上千市民的参与）、成员回访、农夫市集、社区团购、丰收节、DIY 木工坊、艺术表演（包括绘画、书法、剪纸、音乐会等）等活动形式，开展市民生活教育，探讨食品安全、新型消费文化与健康生活理念，建立农园与消费者之间的信任关系，形成认同生态农业与有机种植的稳定消费群，引导社会沿着健康的消费方向，建立起对乡土文明与城市发展关系的正确认识，进而推动城乡统筹发展，取得了较好效果。目前，农园已成为国家行政学院、中国人民大学、西南大学中国乡村建设学院、北京农学院等高校的现场教学基地，得到包括新华社、《人民日报》、中央电视台、北京电视台、BBC、CNN、美联社等海内外 400 多家媒体的正面报道，先后接待各地政府及海内外各界团体的参观、考察和学习 10 万人次。小毛驴市民农园已成为市民了解农业、认识农村、接触农民的平台。

三　五大创新释放农园活力

小毛驴市民农园的建设与发展，为北京市休闲农业提供了一个新的模式，也为其他市民农园的运营提供了一个典型案例。

（一）理念创新

小毛驴市民农园在成立之初，就以发展社区支持农业（CSA）为理念，吸引了众多的参与者和追随者。起源于日本、兴盛于欧美的社区支持农业（CSA），是一种回归到为本地社区居民提供健康食物生产的小型农耕模式，农民和消费者互相支持，共担农业生产风险，并共享收益。这种生产者和消费者直接互动、保护环境、生产健康食品的农业模式，是城市可持续发展和市民健康生活的基石。随着我国工业化、城市化进程的加快和环境污染、食品安全问题的频繁出现，远离了农地的城市居民越来越关注自己的健康和食品安全，对社区支持农业（CSA）的兴趣与日俱增。小毛驴市民农园秉承"人民生计为本、互助合作为纲、多元文化为根"的宗旨，"发展生态农业、支持健康消费、推动城乡互助、走向生态文明"的行动原则，以及"关注乡村、热爱土地、与自然合作、以土地为生"的指导思想，与人们关注环境、渴望健康、追求和谐的生活态度是不谋而合的。因此，小毛驴市民农园一经推出，便受到了北京市民的热议和积极参与。

（二）业务创新

发展租赁农业，把农地租给市民，是市民农园的基础业务，也是德国、日本和我国台湾地区市民农园的经营内容。小毛驴市民农园在提供劳动份额的同时，结合自身实际，推出了配送份额，不仅扩大了经营范围，增加了园区收入，而且创新了农产品直销模式，受到了市民的欢迎。目前，有机农产品在市民心目中的信誉不高，在很大程度上取决于供需双方不见面、产业链长，在产业链两端的消费者与生产者之间缺乏应有的信任。小毛驴市民农园通过吸收市民为 CSA 成员，发展配送份额，将自产的蔬菜通过配送网络直接送到市民家里，缩短了产业链，增加了信任度，让消费者吃得放心。随着消费者认可度的提高，小毛驴市民农园在常季配送份额的基础上，相继推出了常季附加份额、冬季配送份额、冬季附加份额等新业务，市民选择的空间越来越大。此外，小毛驴市民农园还根据市民的需求，推出了农业教育、技术培训、社会实践、亲子社区、农夫市集等新的业务内容，取得了良好的效果。坚持与时俱进，推进业务创新，形成良性循环，是小毛驴市民农园发展的不竭动力。

（三）管理创新

海外市民农园的单体规模较小，承租户也不多，管理机构与服务内容都相对简单。与之相比，小毛驴市民农园建立了比较精干的管理队伍，形成了比较健全的管理体系，制订了较为完善的管理制度。

1. 专家顾问团队

聘请中国人民大学温铁军教授等十几位专家学者担任顾问，对小毛驴市民农园的发展方向、重大问题、技术要点等提供咨询，并与地方政府进行沟通，协调解决出现的矛盾与问题。

2. 管理团队

由国仁城乡（北京）科技发展中心负责管理，下设小毛驴市民农园运营部、会员部和推广部。该中心是非营利性的社会企业，在业务上接受中国人民大学乡村建设中心指导，旨在"以解决社会问题为出发点，不追求利润的最大化，而是用一种商业形式形成可持续的对乡村建设公益项目的反馈和支持"。

3. 实习生团队

从 2008 年开始，小毛驴市民农园每年从全国招募 10 个左右的社会青年或即将毕业的大学生来农园实习。他们 3 月份来，11 月份离开，学制 9 个月。实习生一边学习，一边劳动，学习农园经营管理知识，参与整个农业生产周期中的各项工作，体验乡村生活。他们不仅是农园工作团队的骨干力量，而且在结业后将作为向各地输出的青年农业人才，成为各地发展 CSA 的带头人。

4. 劳动份额社区委员会

为了让市民参与农园的管理，增进劳动份额成员之间的交流，2012 年 10 月，成立了劳动份额社区委员会筹委会，并出台了《小毛驴市民农园劳动份额社区委员会筹委会暂行管理办法》，旨在让市民组织起来，通过自我管理和自我服务，参与农园社区的经营。

上述 4 个团队或机构相互关联，形成一个有机的整体，保障了农园的规范运作和高效运营。

（四）服务创新

小毛驴市民农园提供的服务，除农用工具、有机肥料、农作物种子、浇水灌溉等公共服务外，还提供信息服务，并举办农业节庆活动。

1. 公共服务

小毛驴市民农园设有导览牌、工具室、打谷场、停车场、食堂、田间学校、配菜棚、木工坊、宣传栏、生态厕所、垃圾分类箱、堆肥池、田间地头茶棚、乡土家园等公共服务设施。承租市民在认领地块并缴纳年费后，可免费利用农园提供的农具、农作物种子、种苗、有机肥料、其他农资、灌溉网络，并可及时获得农园技术人员提供的农业技术指导。这比笔者在台湾参观考察市民农园时看到的公共服务项目要多，内容更丰富，服务更规范。

2. 信息服务

为给承租户提供专业、及时的信息服务，建立了小毛驴市民农园网站、微信公众号、会员服务微信群，编印了《小毛驴市民农园 CSA 简报》《劳动份额入门指导手册》《CSA 配送份额成员指导手册》，设置了宣传栏。

3. 农业节庆活动

包括春天的开锄节（4 月）、立夏粥（5 月），夏天的端午节（6 月）和秋天的丰收节（10 月）。每个农业节庆活动既有固定的内容，也结合季节和文化传统，有不同的特色。比如，开锄节突出劳动份额成员开春后到农园来报到、抽签、分地、开耕；立夏粥突出市民自带米豆杂粮等，集体煮"百家粥"；端午节突出包粽子；丰收节突出农产品采收、市集和展览，同时举办音乐会、优秀"地主"颁奖仪式等（见表 15 - 2）。

表 15 - 2　小毛驴市民农园亲子社区活动内容

活动主题	活动名称	实践内容
农耕体验	种块地吧	学习、实际体验种植，认识工具、农资准备、土地修整、播种、浇水等环节，附带堆肥体验
	爱心浇灌	农地田间管理，包括除草、中耕追肥、间苗、搭架、堆肥等
	开心采摘	全程体验农场配菜，包括蔬菜采摘、分拣、分装等
	亲子苗圃	阳台苗圃的设计、种植、管理；设计家庭堆肥，把家庭橱余垃圾变废为宝
艺术手工	木工 DIY	用木头自制小木鱼、小火车、鲁班锁等玩具，小板凳、小书架、笔筒等学习用品
	创意手工	地沟油与洗涤剂的前世今生、制作手工皂，无患子洗涤剂制作
健康饮食	妈妈的厨房	食育讲座（认识添加剂、健康食物），使用农场自产的应季蔬菜制作美味（简单烹调）
	神奇发酵	发酵原理（果实酵素、米酒等），制作果实酵素等；腌制食品原理，制作腌萝卜条等
自然活动	植物私生活	纪录片欣赏、植物种类识别、植物标本制作等
	昆虫王国	常见昆虫识别、昆虫的巢穴、蚯蚓堆肥、自制昆虫旅馆
	动物好伙伴	收集青饲料，饲料预混，亲手饲喂猪（发酵床管理）、鸡、羊，捡鸡蛋
	野外生存	野外生存技巧、结绳技巧、快速叠衣、固定东西、帐篷住宿（不过夜）、可食用野生植物识别、紧急救助的基本知识

（五）组织创新

小毛驴市民农园除自身发展外，还通过组织创新，推动生产者联合，推动消费者联合，以及推动生产者与消费者面对面，以实现更大范围、更多层面的城乡联合和互助发展。

1. 推动生产者联合

北京国仁绿色同盟（以下简称"绿盟"）成立于 2006 年，是国内首个绿色生产合作社的联合体。为了填补小毛驴市民农园除生鲜蔬菜之外的粮油副食空白，支持更多的小农向生态农业转变，2012 年 10 月，农园将绿盟成员生产的农产品引入配送份额业务，为小毛驴市民农园 CSA 成员提供代销份额，旨在通过农园与"绿盟"的合作，在生产型合作组织之间形成联合，进一步整合资源，构建城乡绿色农产品生产网络。2015 年 11 月，在第六届国际 CSA 大会暨第七届中国 CSA 大会上，揭牌成立"中国社会生态农业 CSA 联盟"和"中国乡村建设参与式保障体系（RRPGS）"，将在更大范围内促进生产者之间的联合。

2. 推动消费者联合

从 2009 年起，借助 CSA 会员群体和社区工作基础，小毛驴市民农园开始尝试发动社区开展共同购买活动。2010 年，在回龙观的一群妈妈们发起了"回龙观妈妈团"，中关村的一些学生家长们组成了时安健康合作社。2011 年，小汤山、芍药居、望京、月坛西街等社区也纷纷发起共同购买型的社区团购活动。通过建立消费者之间的联合，形成"共同购买型"消费合作社，凭着集体的力量，减少交易成本，降低有机农产品的销售价格，并可更有效地与生产型合作社对接，实现资源合理分配与利用。

3. 农夫市集

农夫市集是欧美流行的农产品销售模式。与普通市集不同，农夫市集的参与者一般是城市近郊的农场或小型加工企业，出售自产当季产品。在定时定点的农夫市集中，市民与农民通过面对面交流，彼此形成一种互相信任的社区氛围，这是普通超市或商场所无法实现的功能。小毛驴市民农园参与推动的北京有机农夫市集始创于 2009 年 9 月，在一些市民志愿者的推动下，每周末在北京不同城区开集，现在还开办了社区店，对推广生态农业、社区支持农业的理念，支持北京周边小型生态农场的发展，起到了不可忽视的作用，也产生了积极正面的社会影响。

图书在版编目（CIP）数据

北京休闲发展报告. 2022 / 邹统钎，吴丽云主编
. —— 北京：社会科学文献出版社，2023.3
ISBN 978 - 7 - 5228 - 1409 - 4

Ⅰ.①北⋯ Ⅱ.①邹⋯ ②吴⋯ Ⅲ.①闲暇社会学 –
研究报告 – 北京 – 2022 Ⅳ.①C913.3

中国国家版本馆 CIP 数据核字（2023）第 021835 号

北京休闲发展报告（2022）

主　　编／邹统钎　吴丽云

出 版 人／王利民
组稿编辑／任文武
责任编辑／刘如东　王玉霞
责任印制／王京美

出　　版／社会科学文献出版社·城市和绿色发展分社（010）59367143
　　　　　地址：北京市北三环中路甲29号院华龙大厦　邮编：100029
　　　　　网址：www. ssap. com. cn
发　　行／社会科学文献出版社（010）59367028
印　　装／北京联兴盛业印刷股份有限公司

规　　格／开 本：787mm×1092mm　1/16
　　　　　印 张：16.75　字 数：220千字
版　　次／2023年3月第1版　2023年3月第1次印刷
书　　号／ISBN 978 - 7 - 5228 - 1409 - 4
定　　价／88.00元

读者服务电话：4008918866